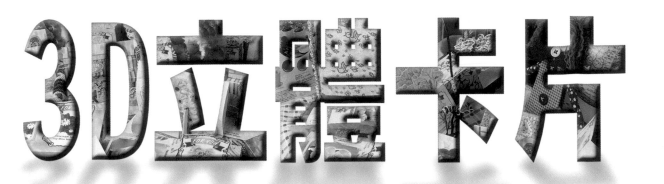

3D立體卡片

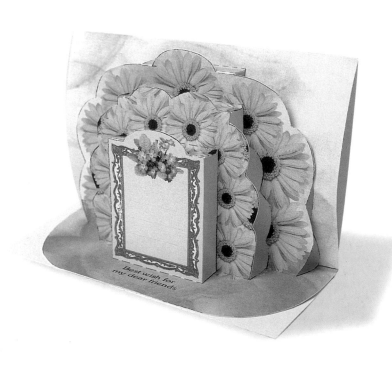

編著者／簡茂育

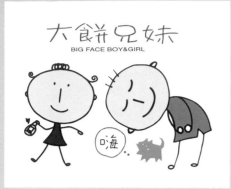

大餅兄妹
BIG FACE BOY&GIRL

嗨..

■作者 簡介

1966年 出生於嘉義縣梅山鄉
1986年 全國技能競賽北區廣告設計類 冠軍
1987年 全國技能競賽 全省 第五名
1989年 退伍
1991年 丹尼斯視覺設計工作室成立
1996年 著作 千手觀音 出版
1997年 於元智大學資訊傳播系修碩士學分
1999年 設計3D Card 光碟

目錄 CONTENTS

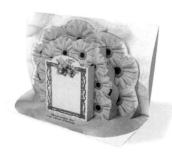

前言..........................4
基本工具介紹...................6
基本技法......................9

心花朵朵立體卡製作方法.......14
心花朵朵立體卡 DIY..........17

千層花立體卡製作方法.........38
千層花立體卡 DIY............41

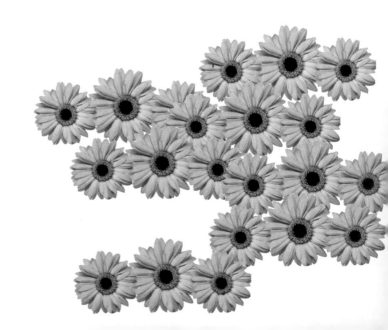

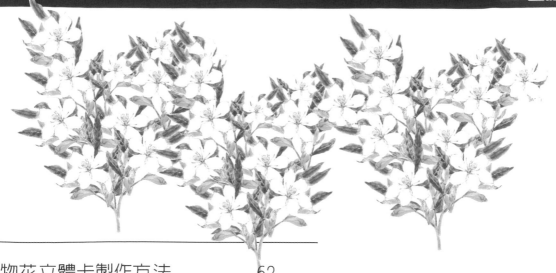

禮物花立體卡製作方法.........62
禮物花立體卡 DIY............65

草原立體卡製作方法.........86
草原立體卡 DIY.............89

花店立體卡製作方法..........110
花店立體卡 DIY.............113

信封製作方法................134
信封 DIY...................135

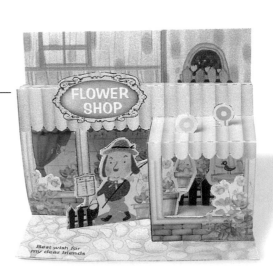

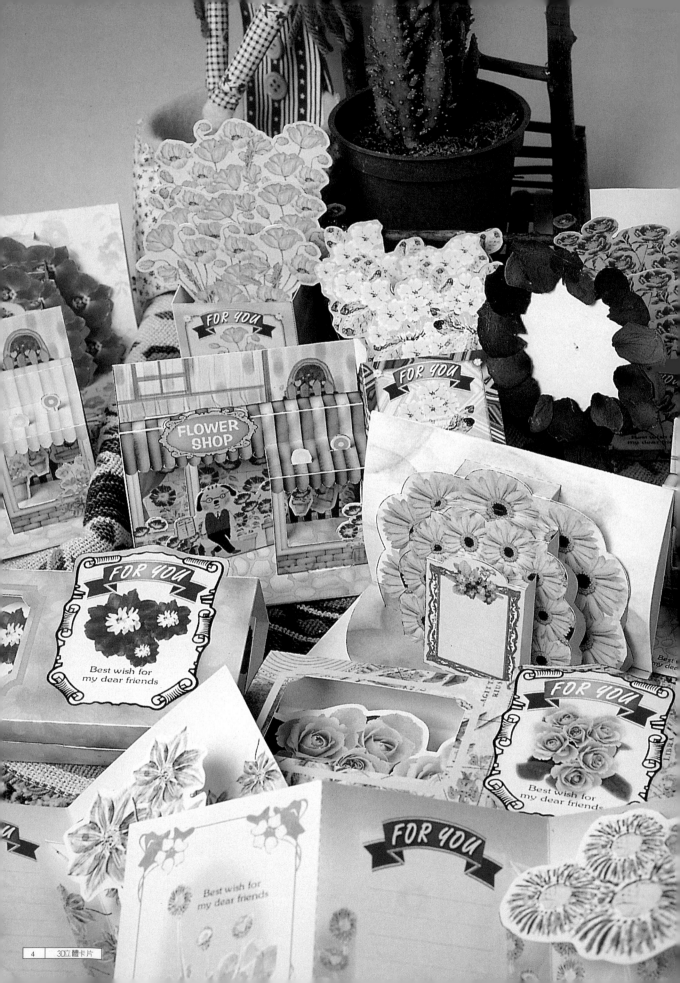

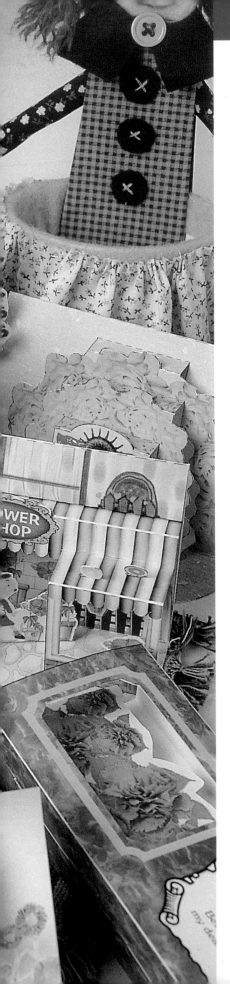

前言
PREFACE

本書是在作者一個偶然的巧思中，
孕育而生的，
最初的目地只是單純的想做出一張有別於傳統的卡片，
然而誰知道在製作出第一張立體卡片的同時，
週遭的朋友都提出個人的意見，
並且鼓勵我多開發一些立體卡片的造型款式，
在集眾人的心力與巧思之後，
相信一本適合大眾日常生活應用的3D立體卡片書籍，
已經呈現在諸位客官的手中了，
本輯3D立體卡片書上的立體卡片紙，
在經過諸位客官的巧手DIY之後，
將會有一張造型生動且富含心意的立體卡片誕生，
所謂禮輕情意重一切盡在方寸間，
這正是本書所要帶給諸位的一個溫馨感覺。

在此要特別的感謝公司同仁，
在這些日子裡付出與努力，
同時也趁機打個廣告，
指引科技的同仁們，加油！
成功就在不遠的未來，
在迎接成果到來的這些日子裡，
我們尤其更要努力，更加堅持，
加油！

Guide Technology　指引科技

工具介紹
TOOLS&MATERIALS

TOOLS&MATERIALS
TOOLS&MATERIALS

　　在你非常高興的等不及要立即製做立體卡片前，且先讓我們對製作工具有一些認識，以方便在製作時，能正確的使用工具，而製作出一張美美的卡片。

　　其實使用的工具非常簡單，也十分容易取得，大致依製作方法可分為桌面工具、壓折線工具、裁紙工具、粘膠工具等，以下接著為您介紹這些工具特性。

【壓線工具】

■原子筆

請找一隻沒有水的原子筆，我們可用這支原子筆在需要折紙的地方，先壓出一條折線，這樣可幫助你折紙時，可折出一條漂亮的線。
而如果你剛好沒有一枝這樣的原子筆，你也可以利用美工刀的刀背來取代，但使用時，下手千萬要輕一點，避免把紙割破了。

【裁切工具】

■剪刀

有一些形狀比較複雜，可使用剪刀來剪紙。

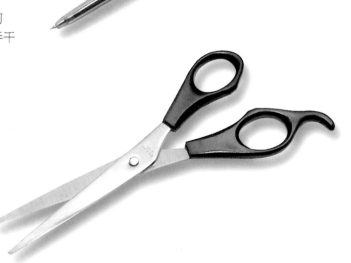

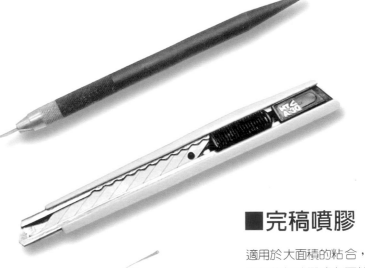

■筆刀

用筆刀來裁紙的形狀是最理想的工具，因為他十分靈活，不論是轉折或直線都十分好用。

■美工刀

刀口較大有力，適合用來割直線。
其實如果沒有筆刀工具，美工刀+剪刀也是好的使用組合。

■完稿噴膠

適用於大面積的粘合，只要均勻的把噴膠噴在要粘的紙上既可變成貼紙了。

【黏膠工具】

■相片膠

運用在粘合一些小配件上，因"相片膠水"不像一般膠水一樣水水的不易快乾，他比較黏稠易乾。

■雙面膠帶

十分方便的粘合材料，易控制，你大可全部的製作過程都用"雙面膠帶"但運用於大面積時，可是很傷膠帶的。

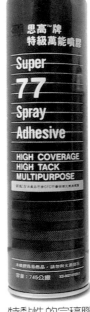

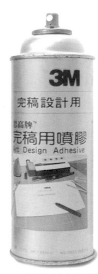

特黏性的完稿膠　　一般性的完稿膠

【桌面工具】

■切割墊

置於桌上可防止割壞桌面，也可拿很厚的廢紙墊在下面代替。

■鐵尺

割直線時，必需以"尺"來作輔助，而用"鐵尺"可避免割壞。

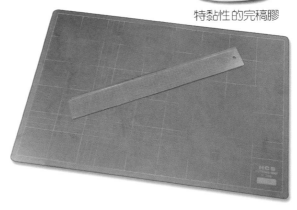

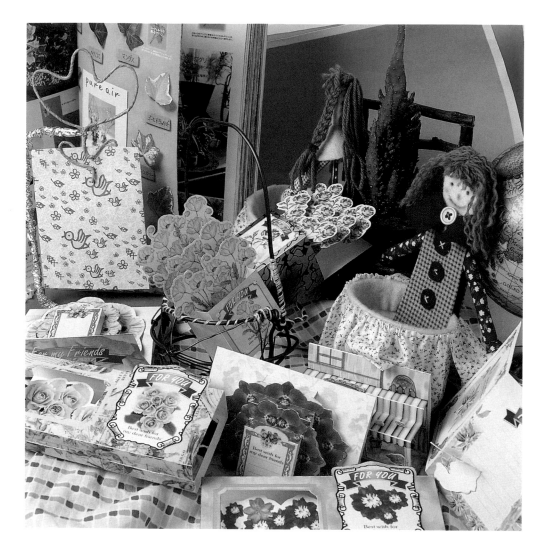

3D立體卡片

基本技巧篇

基本技巧

有了工具，再來是製作的一些小技巧，基本上立體卡的製作不外
乎〝折〞和〝裁〞，在折紙前，要先壓折線，好方便摺紙。
而折線又分凸折線和凹折線，在分辨上…
〝藍色虛線為凹折線〞，
〝紅色虛線為凸折線〞，
裁線則為〝黑色實線〞
你只要看線的顏色來折就對了。

在製作前，請先將切割墊置於桌上防止割壞桌面，
並拿出鐵尺預備。

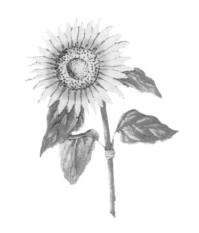

【壓折線技巧】

不論壓曲線或直線你可用原子筆
或刀背在需要折紙的地方，先壓
出一條折線。
壓直線，請用直尺輔助避免割
歪，但下手時，力道要適中，以
免把紙劃破了。

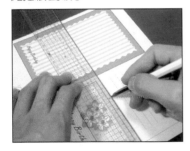

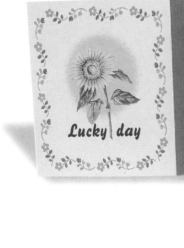

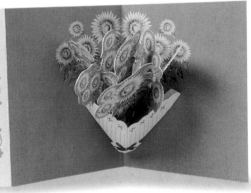

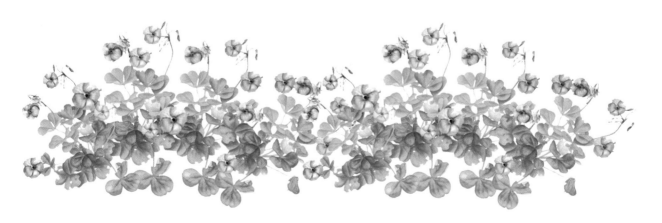

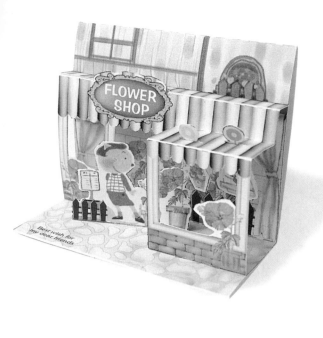

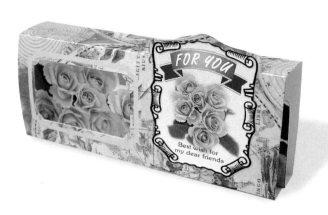

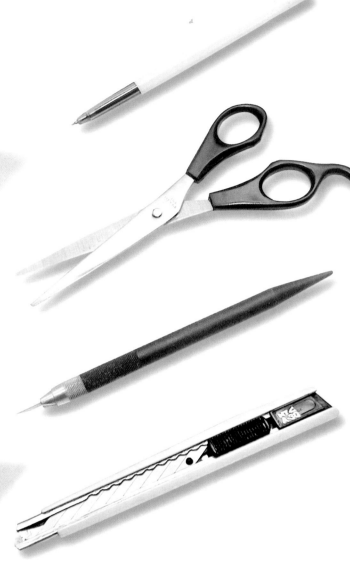

【裁紙技巧】

■直線裁紙

可用直尺來輔助切割直線。

■曲線裁紙

則運用剪刀、筆刀、美工刀等
工具交叉使用裁紙。

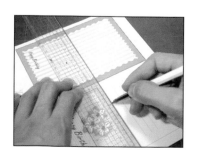

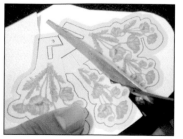

剪刀裁紙

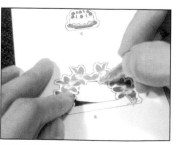

筆刀裁紙

【黏膠技巧】

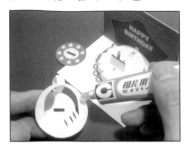

■點的黏合

將相片膠水先擠一點在廢紙上，再利用牙籤等工具輔助，將膠沾到要粘的紙上。

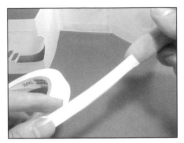

■線的黏合

利用長條雙面膠帶的特性，先將雙面膠帶貼好位置，再把另一面膠面撕去，兩紙貼合即可完成。

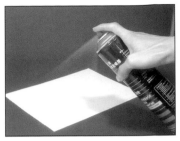

■面的黏合

則非完稿噴膠不可了，因為是"噴膠"所以建議您拿到戶外使用，使用前請先墊一張報紙在下面，以免地上黏黏的。把紙放在報紙上面，將噴膠均勻的噴在紙上後，輕輕的拿起膠紙，把要裱的紙放在下面，由上向下慢慢貼合即可完成。

完稿膠可分一般性的和特黏性的，一般性的較不黏可重複撕貼數次，方便但較不黏易脫落，反之特黏性的剛好相反。

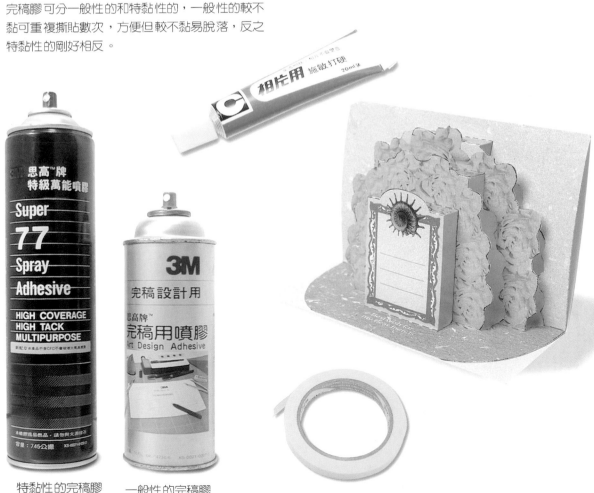

特黏性的完稿膠　　一般性的完稿膠

【組合技巧】

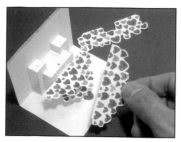 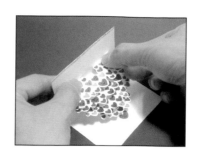

每一種立體卡都有不同的組合技
巧，但大原則為零件由小到大製
作，組合由內而外。

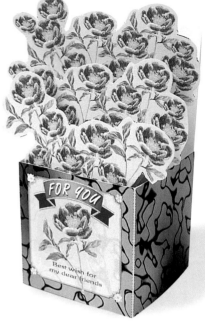

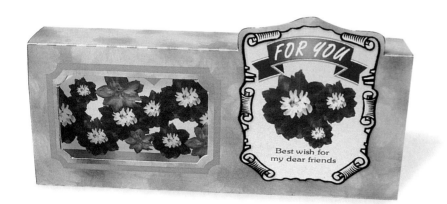

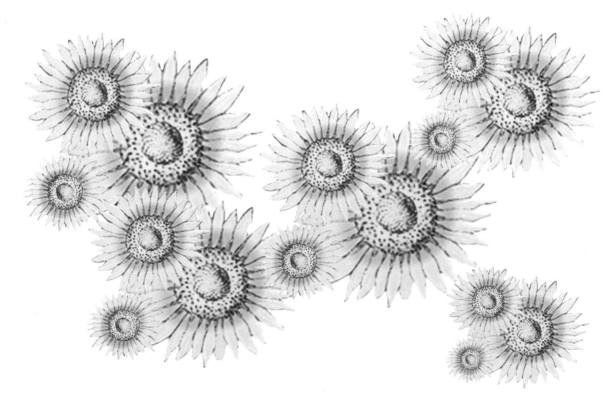

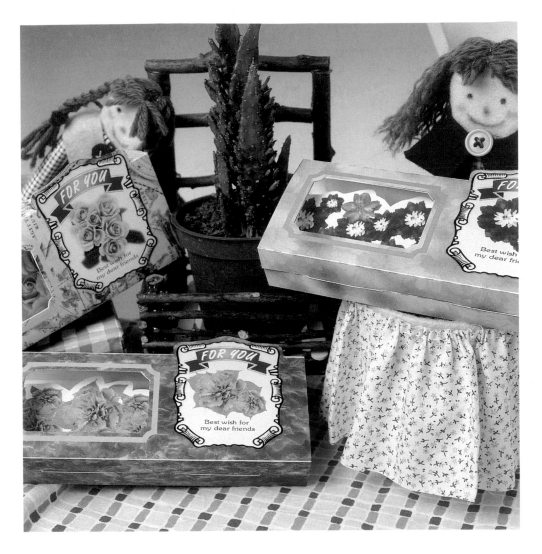

3D立體卡片

心花朵朵立體卡

心花朵朵立體卡

【製作流程】

1.壓折線 → 2.裁紙 → 3.折紙 → 4.粘膠 → 5.組合 → 6.完成

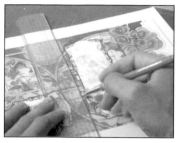

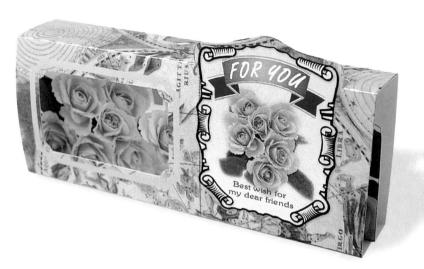

■ A 壓折線

壓折線的目的是讓你在折紙時，能事先壓出一條線，讓你可以很容易的折出一條整齊的線。

請在紅（藍）色的虛線上，用原子筆或筆刀（美工刀）刀背畫出一條折線，直線請用直尺輔助來劃。

■ B 裁紙

用筆刀（美工刀）將標示黑色實線的圖裁剪下來。

這樣你會裁出以下的卡片主體一個。

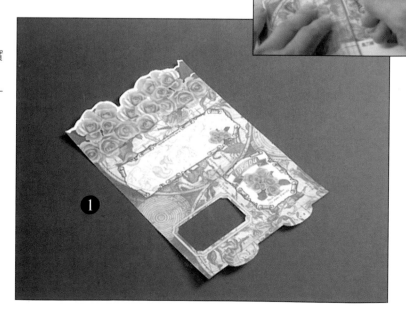

❶

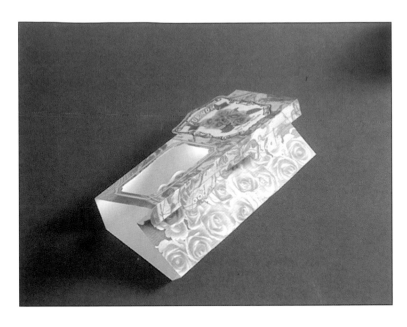

■C 折紙

按照圖面上的紅（藍）色的虛線
折紙，紅色虛線為凸折線，請向
上折，藍色虛線為凹折線，請向
下折。
待折完後，就可看到一個立體零
件了，簡單吧！

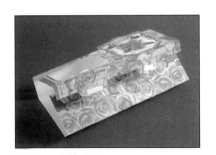

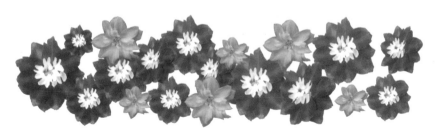

■D 黏膠

需要黏膠的位置只有一個地方，就是在卡
片主體的接合處，請用雙面膠帶在凸出的
接合點上貼膠。

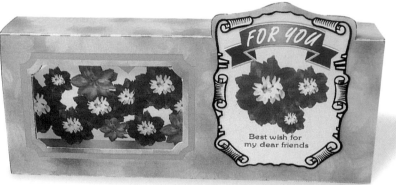

■ E 組合

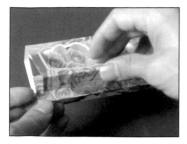

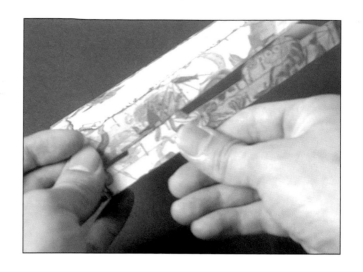

1 只要將卡片主體按對折線折成盒型後，把盒底凸出的半圓形插入另一邊，卡片就會站立起來了。

■ F 完成

等膠乾了後，把卡片合起來壓平一下，順便測試一下打開合起的動作，確認無誤後，就大工告成了。

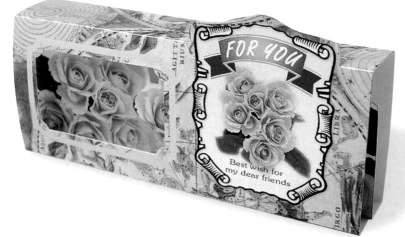

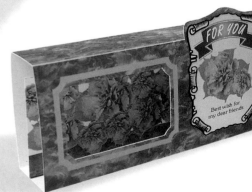

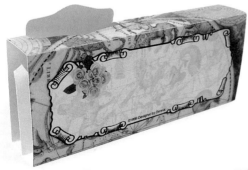

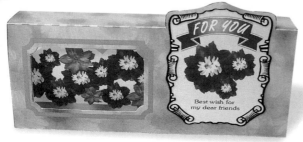

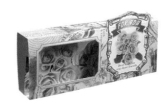

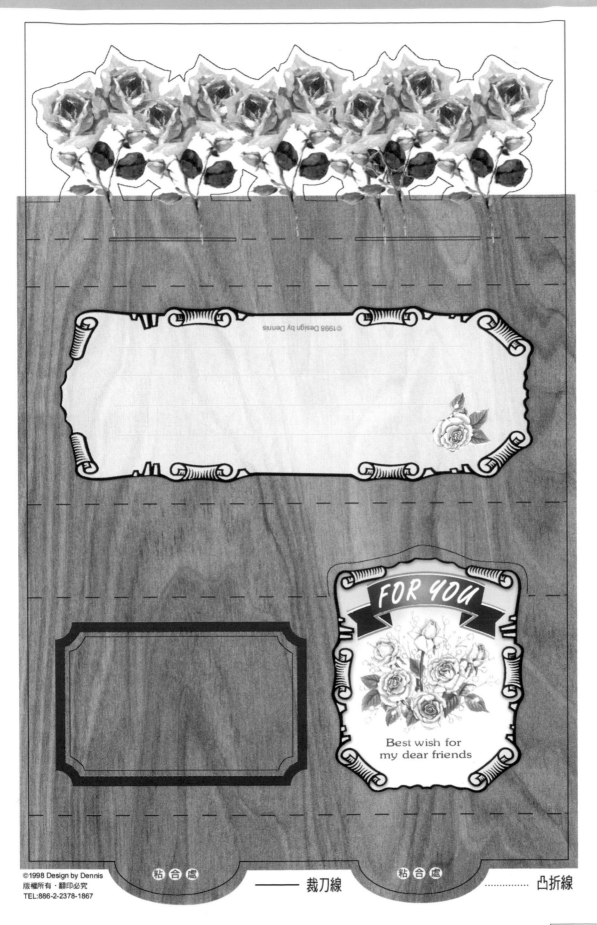

© 1998 Design by Dennis

FOR YOU

Best wish for
my dear friends

©1998 Design by Dennis
版權所有・翻印必究
TEL:886-2-2378-1867

粘合處　　　粘合處

—— 裁刀線　　　 ·········· 凸折線

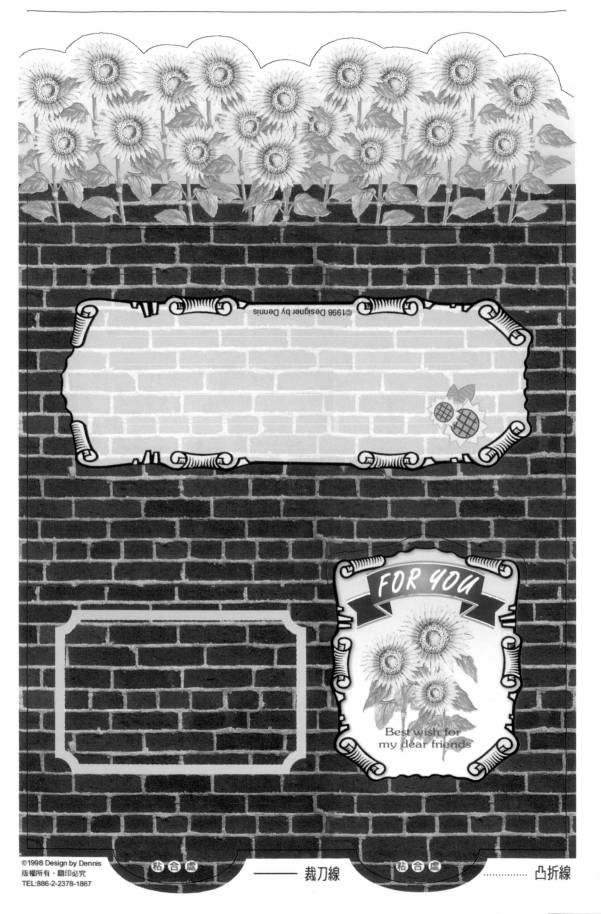

FOR YOU

Best wish for
my dear friends

©1998 Designer by Dennis

黏合處　黏合處　──── 裁刀線　┈┈┈┈ 凸折線

心花朵朵立體卡

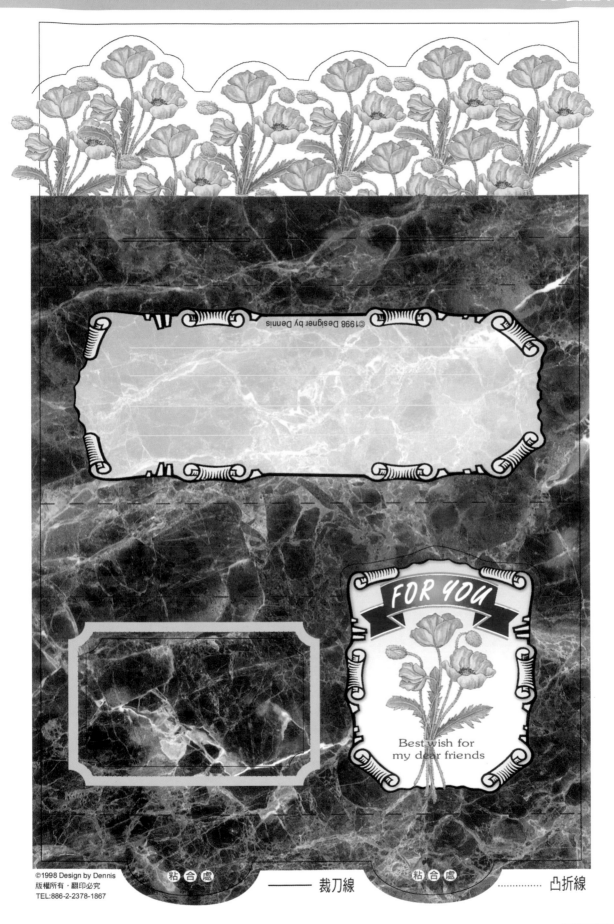

©1998 Designer by Dennis

FOR YOU

Best wish for
my dear friends

粘合處　　　—— 裁刀線　　　粘合處　　　……… 凸折線

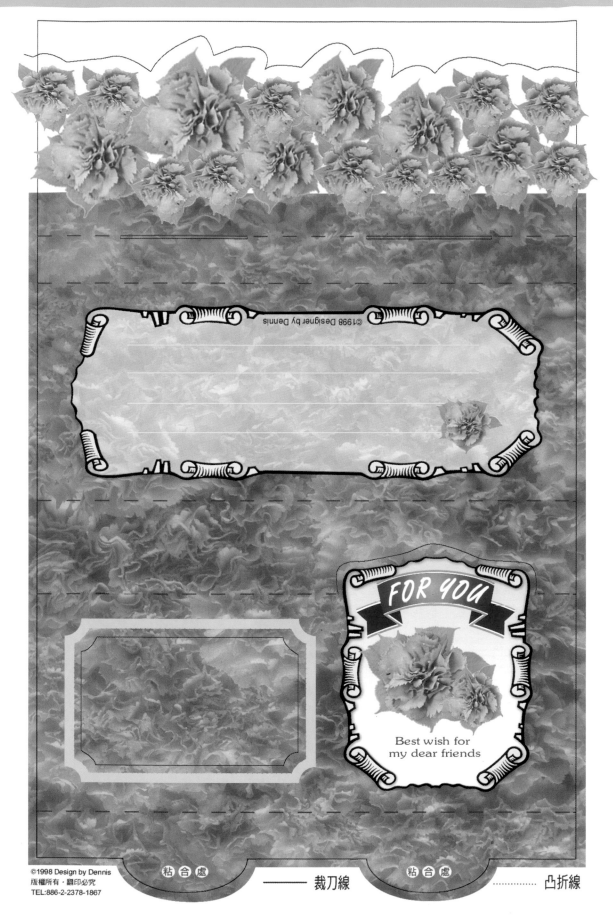

FOR YOU

Best wish for
my dear friends

©1998 Designer by Dennis

粘 合 處　　　　　　　　粘 合 處

———— 裁刀線　　　　............ 凸折線

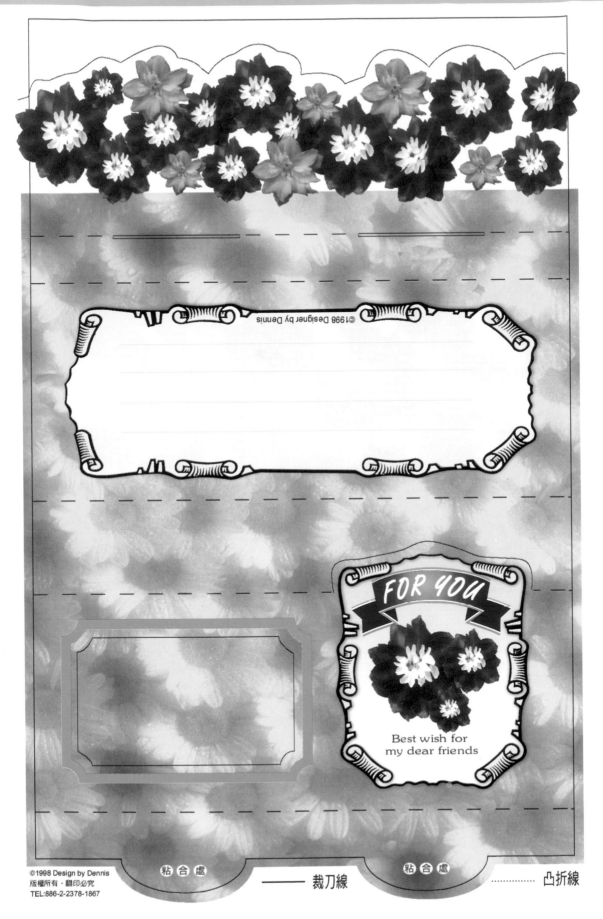

FOR YOU

Best wish for
my dear friends

粘合處　　　　　粘合處

—— 裁刀線　　　　……… 凸折線

© 1998 Designer by Dennis

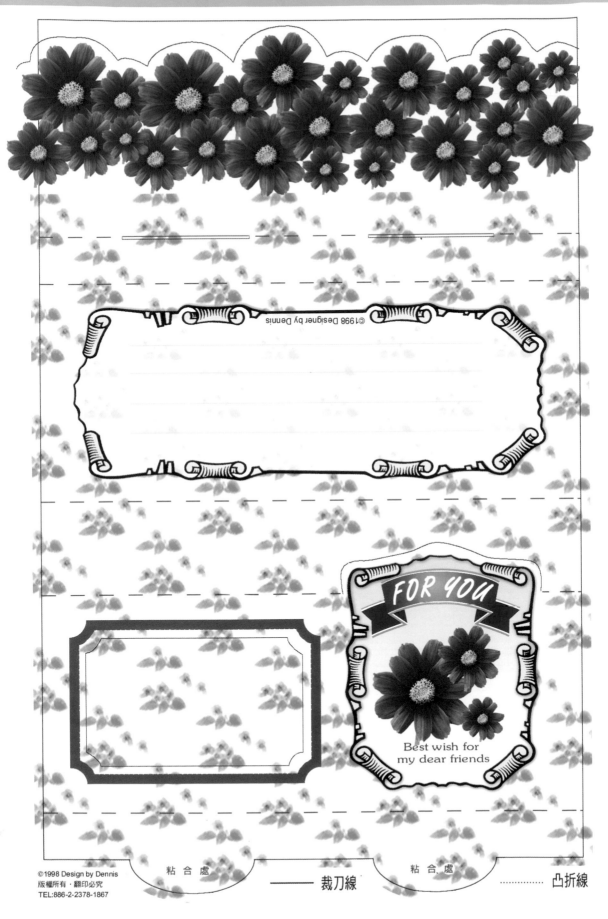

© 1998 Designer by Dennis

FOR YOU

Best wish for
my dear friends

粘合處　　　粘合處

───── 裁刀線

…………… 凸折線

心花朵朵立體卡

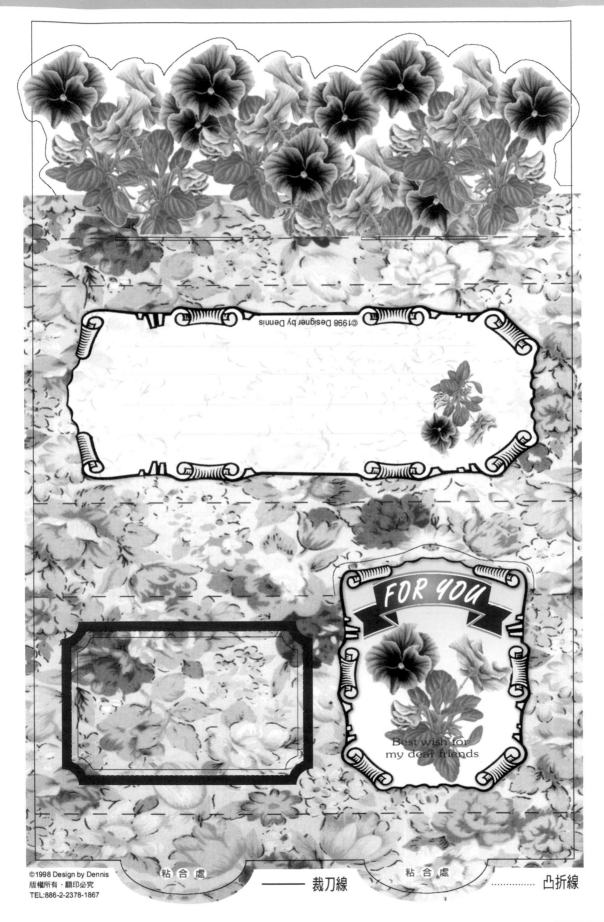

© 1998 Designer by Dennis

FOR YOU

Best wish for
my dear friends

粘合處　　　粘合處

──── 裁刀線　　　‥‥‥‥ 凸折線

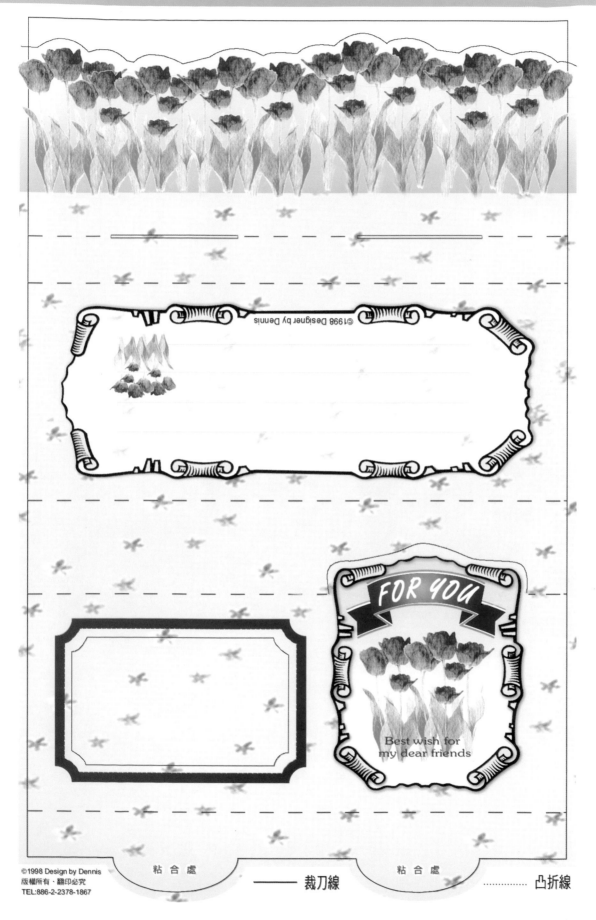

心花朵朵立體卡

© 1998 Designer by Dennis

FOR YOU

Best wish for
my dear friends

粘 合 處　　　　　　　　　粘 合 處

―――― 裁刀線　　　　　‥‥‥‥‥ 凸折線

心花朵朵立體卡

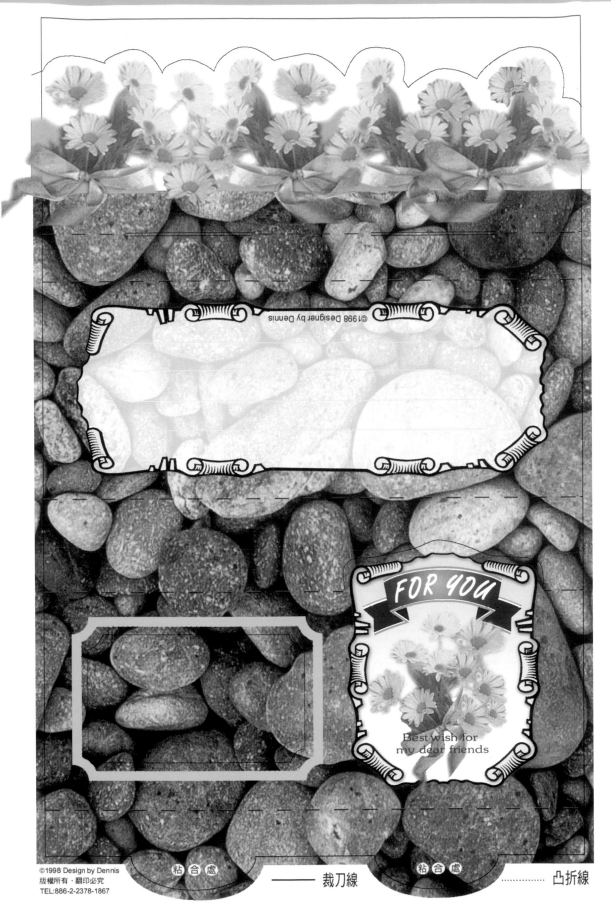

© 1998 Designer by Dennis

FOR YOU

Best wish for
my dear friends

粘合處　　　　—— 裁刀線　　　粘合處　　　········· 凸折線

心花朵朵立體卡

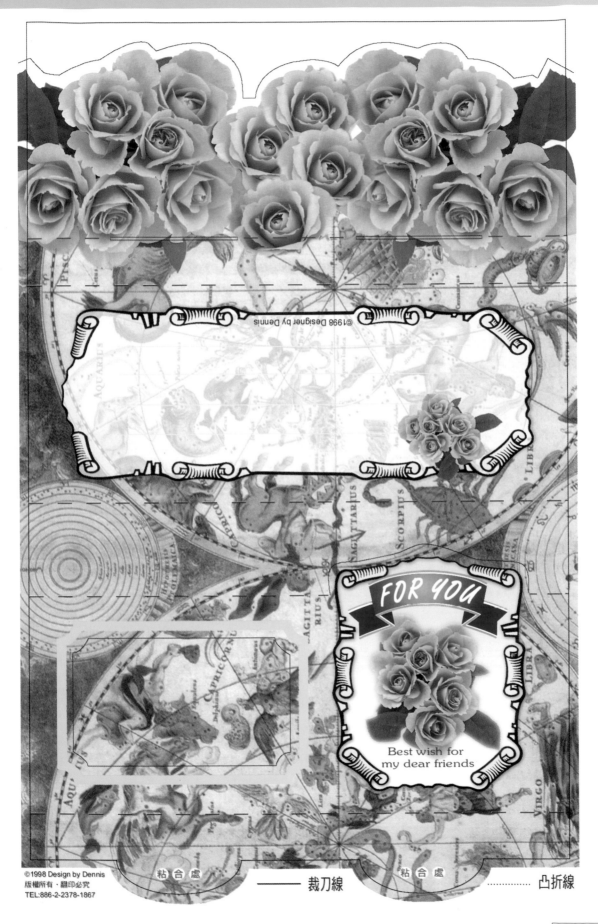

©1998 Designer by Dennis

FOR YOU

Best wish for
my dear friends

粘合處

粘合處

—— 裁刀線

·········· 凸折線

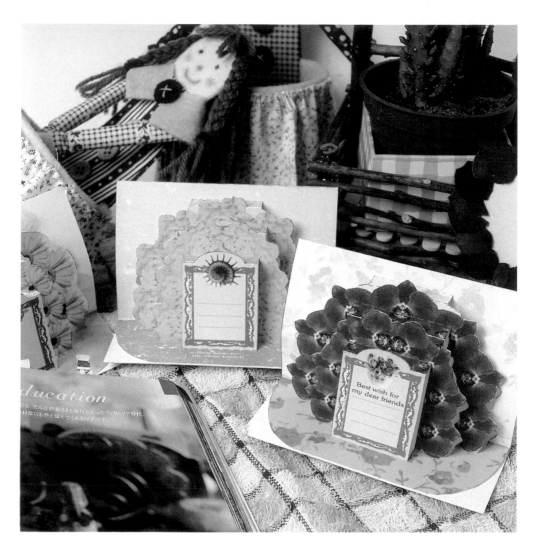

3D立體卡片

千層花立體卡

千層花立體卡

【製作流程】

1.壓折線 → 2.裁紙 → 3.折紙 → 4.粘膠 → 5.組合 → 6.完成

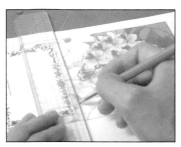

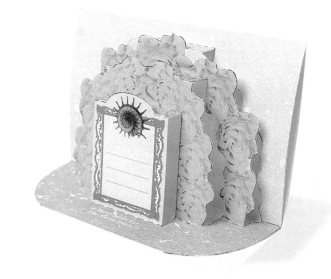

■ A 壓折線

壓折線的目的是讓你在折紙時，
能事先壓出一條線，讓你可以很
容易的折出一條整齊的線。
請在紅（藍）色的虛線上，用原
子筆或筆刀（美工刀）刀背畫出
一條折線，直線請用直尺輔助來
劃。

■ B 裁紙

用筆刀（美工刀）將標示黑色實
線的圖裁剪下來。
這樣你會裁出以下的卡片主體一
個。

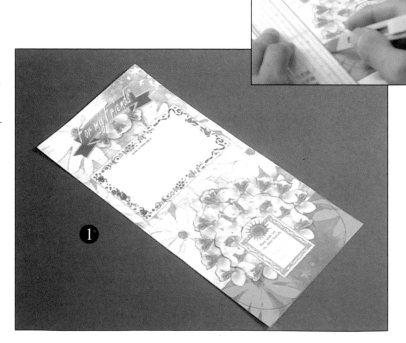

❶

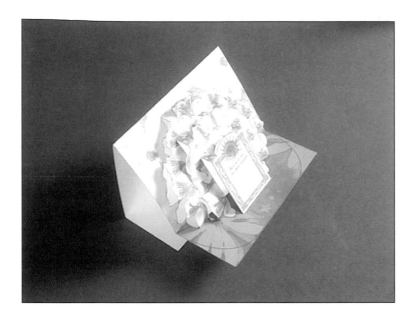

■C 折紙

按照圖面上的紅（藍）色的虛線
折紙，紅色虛線為凸折線，請向
上折，藍色虛線為凹折線，請向
下折。
待折完後，就可預見一個立體卡
片雛形了。

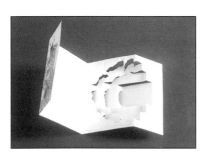

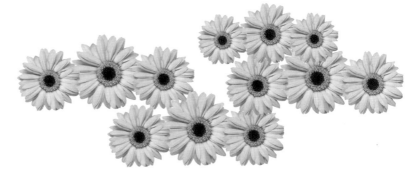

■D 黏膠

需要黏膠的地方只卡片主體的背面，
所以其他地方不用再上膠了。

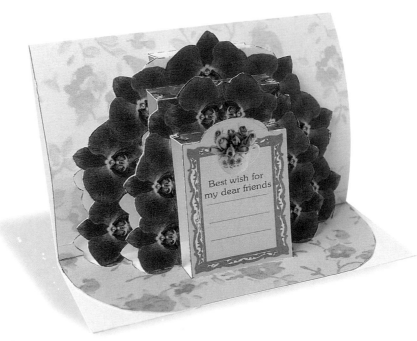

■ E 組合

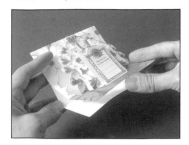

1 將卡片主體對折黏合後,
立體卡片就可站立。

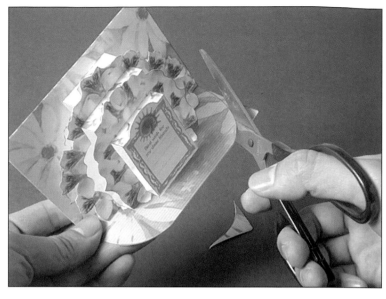

2 最後用剪刀修飾圓角,就大功告成。

■ F 完成

等膠乾了後,把卡片合起來
壓平一下,順便測試一下打
開合起的動作,確認無誤
後,就大工告成了。

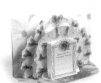

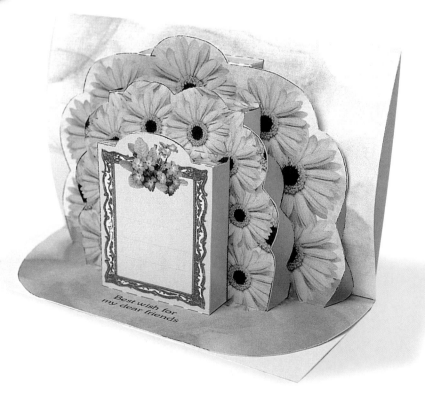

千層花立體卡

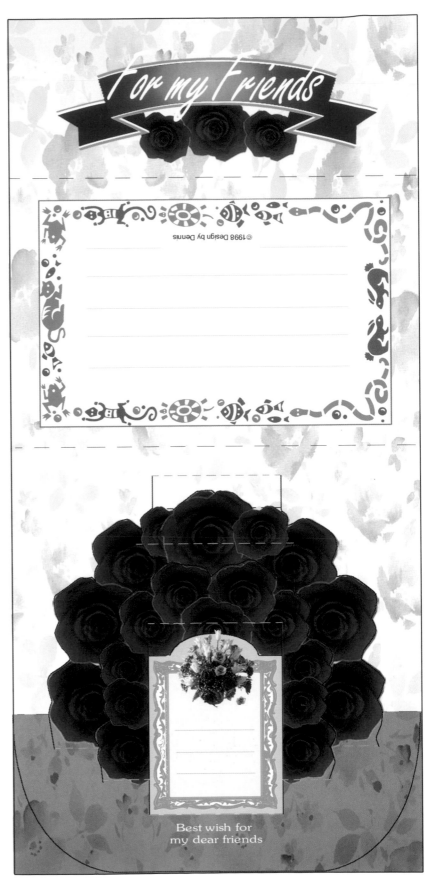

凸折線
凹折線
裁刀線

千層花立體卡

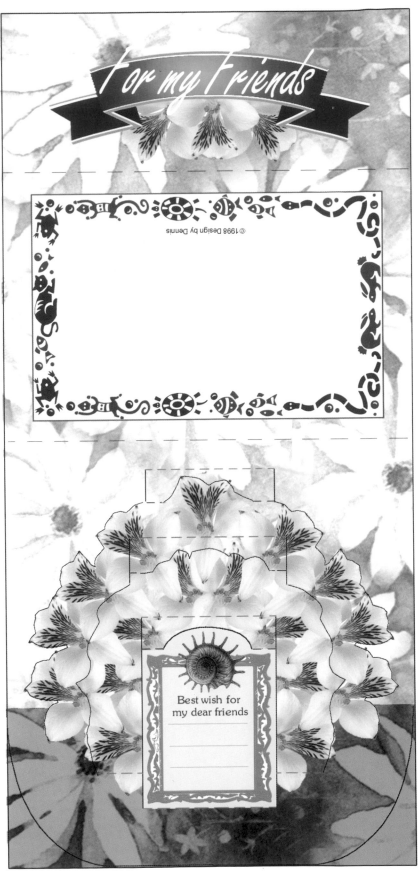

For my Friends

© 1998 Design by Dennis

Best wish for
my dear friends

.... 凸折線

.... 凹折線

———— 裁刀線

©1998 Design by Dennis
版權所有・翻印必究 TEL:886-2-2378-1867

千層花立體卡

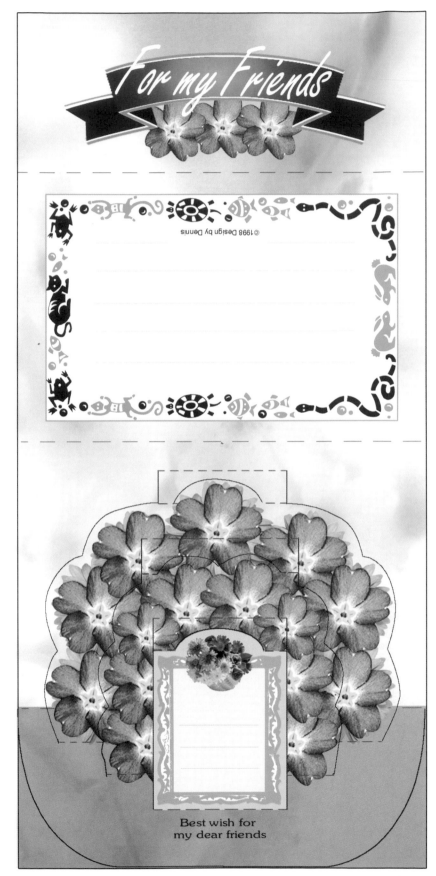

.... 凸折線
.... 凹折線
———— 裁刀線

千層花立體卡

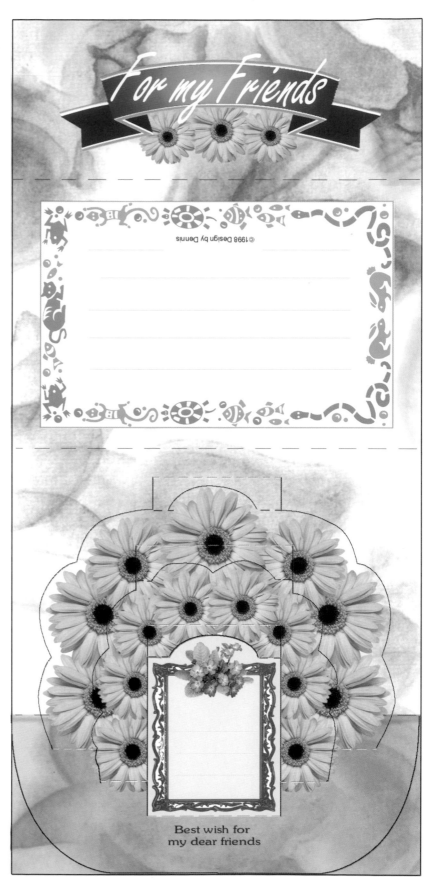

For my Friends

© 1998 Design by Dennis

Best wish for
my dear friends

.... 凸折線
.... 凹折線
————— 裁刀線

千層花立體卡

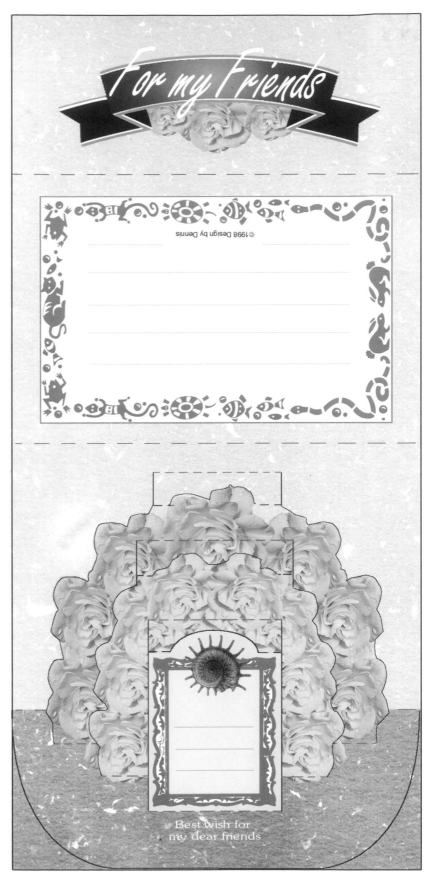

For my Friends

©1998 Design by Dennis

Best wish for
my dear friends

·············· 凸折線
·············· 凹折線
———— 裁刀線

©1998 Design by Dennis
版權所有·翻印必究 TEL:886-2-2378-1867

千層花立體卡

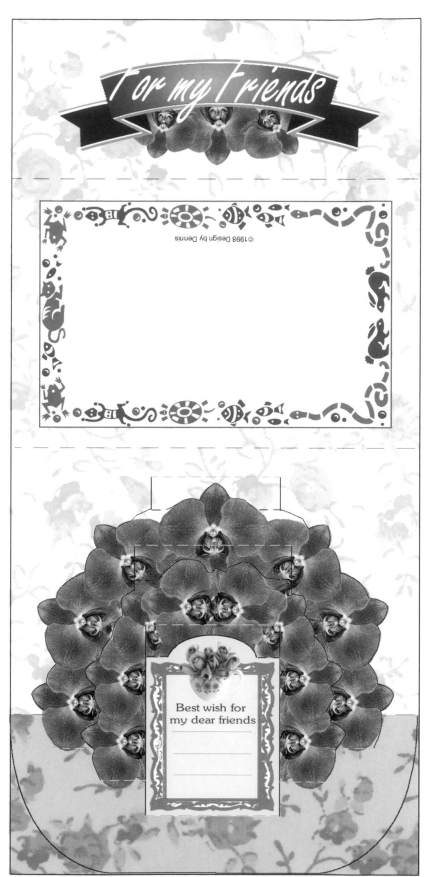

For my Friends

© 1998 Design by Dennis

Best wish for
my dear friends

.... 凸折線
.... 凹折線
———— 裁刀線

千層花立體卡

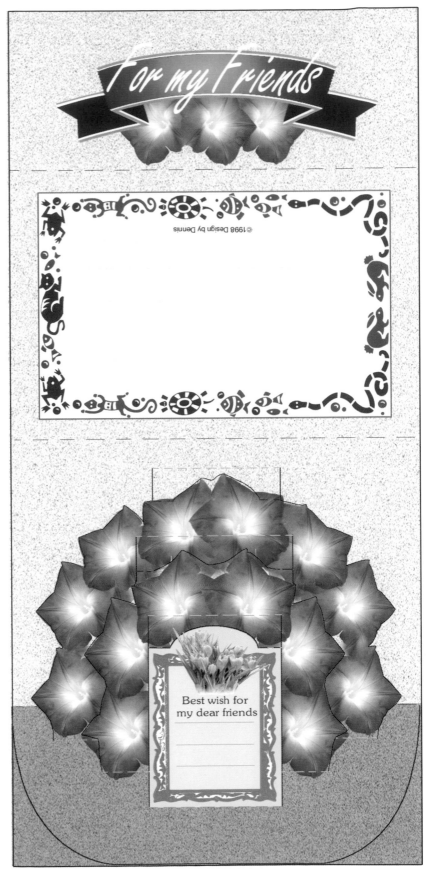

For my Friends

© 1998 Design by Dennis

Best wish for
my dear friends

.... 凸折線
.... 凹折線
———— 裁刀線

©1998 Design by Dennis
版權所有·翻印必究 TEL:886-2-2378-1867

千層花立體卡

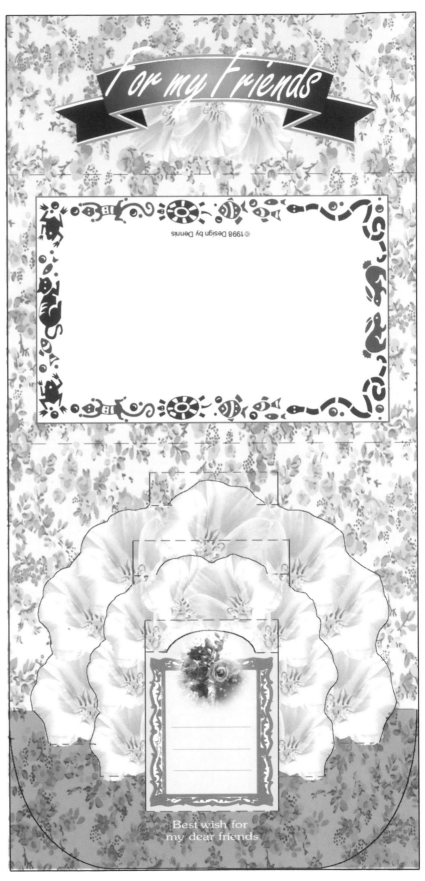

For my Friends

© 1998 Design by Dennis

Best wish for
my dear friends

.... 凸折線
.... 凹折線
————— 裁刀線

千層花立體卡

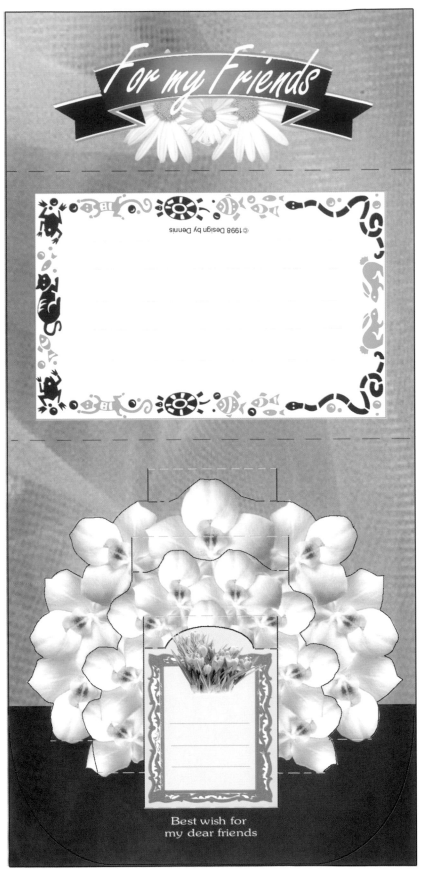

© 1998 Design by Dennis

Best wish for
my dear friends

.... 凸折線

.... 凹折線

——————— 裁刀線

千層花立體卡

For my Friends

© 1998 Design by Dennis

Best wish for
my dear friends

.... 凸折線
.... 凹折線
———— 裁刀線

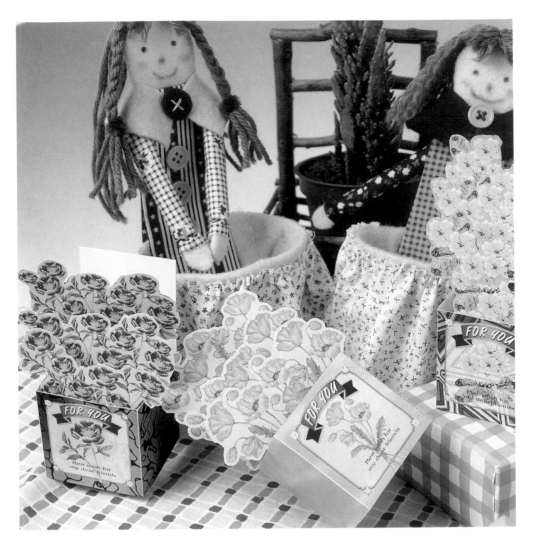

3D立體卡片

禮物花立體卡

禮物花立體卡

【製作流程】

1.壓折線 → 2.裁紙 → 3.折紙 → 4.粘膠 → 5.組合 → 6.完成

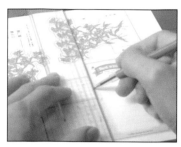

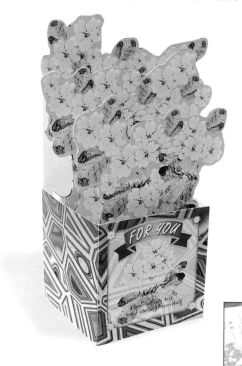

■ A 壓折線

壓折線的目的是讓你在折紙時，
能事先壓出一條線，讓你可以很
容易的折出一條整齊的線。
請在紅（藍）色的虛線上，用原
子筆或筆刀（美工刀）刀背畫出
一條折線，直線請用直尺輔助來
劃。

■ B 裁紙

用筆刀（美工刀）將標示黑色實
線的圖，裁下來。
你會裁出4個物件，分別是……
1.卡片主體
2.花飾
（M1）（M2）（M3）

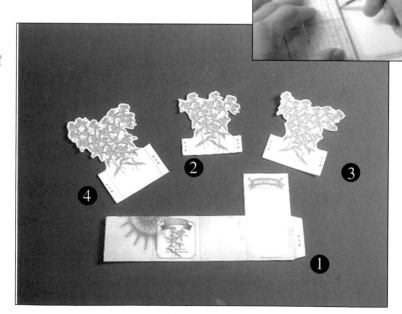

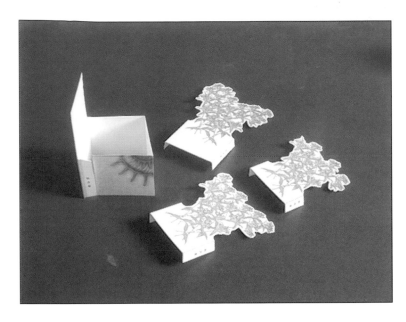

■C 折紙

按照圖面上的紅（藍）色的虛線
折紙，紅色虛線為凸折線，請向
上折，藍色虛線為凹折線，請向
下折。

待折完後，就可看見一個個的立
體零件了。

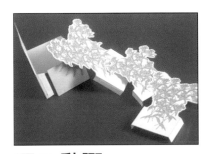

■D 黏膠

需要黏膠的位置，有下列地方

1.卡片主體，請用雙面膠帶在卡片接合處
上貼膠。

2.花飾（M1）（M2）（M3）等配件，分別在
粘合處上膠即可。

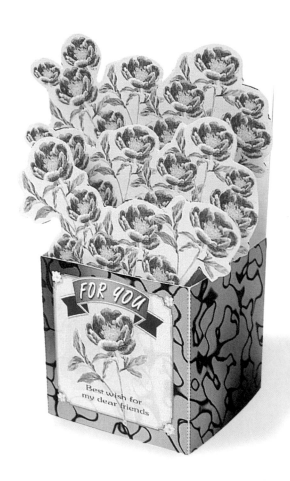

■ E 組合

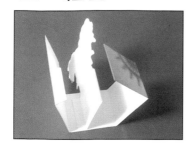 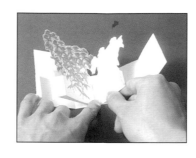

1 先黏一邊，把花飾（M1）（M2）（M3）等配件，依序由高矮順序由前向後，對齊底部，利用粘合處的厚度依序排列黏合好。

■ F 完成

等膠乾了後，把卡片合起來壓平一下，順便測試一下打開合起的動作，確認無誤後，就大工告成了。

2 把外盒黏合好，

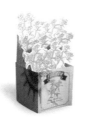

3 再調整內部另一邊的花叢，左右對稱並對齊底部，一樣可利用粘合處的厚度依序排列黏合好。

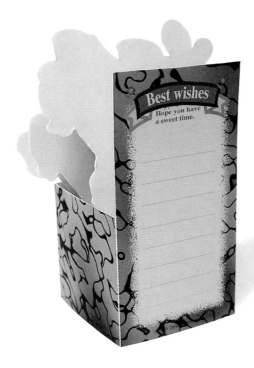 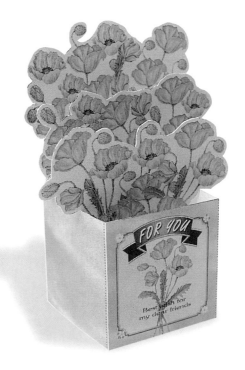

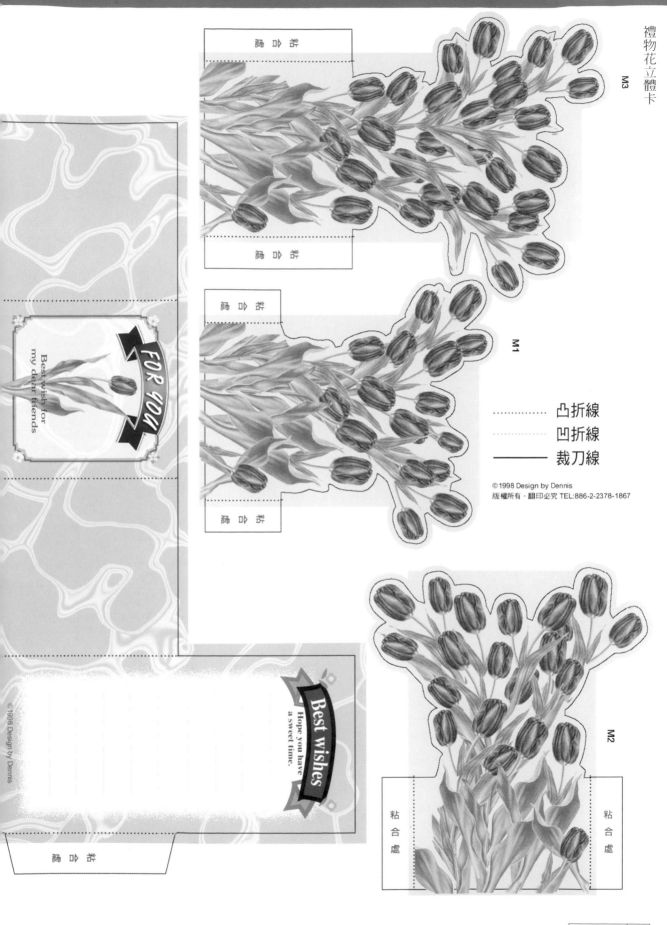

禮物花立體卡

M3

M1

············ 凸折線
············ 凹折線
────── 裁刀線

©1998 Design by Dennis
版權所有，翻印必究 TEL:886-2-2378-1867

粘 合 處

粘 合 處

粘 合 處

粘 合 處

Best wish for
my dear friends

FOR YOU

©1998 Design by Dennis

Best wishes
Hope you have
a sweet time.

粘 合 處

M2

粘 合 處

粘 合 處

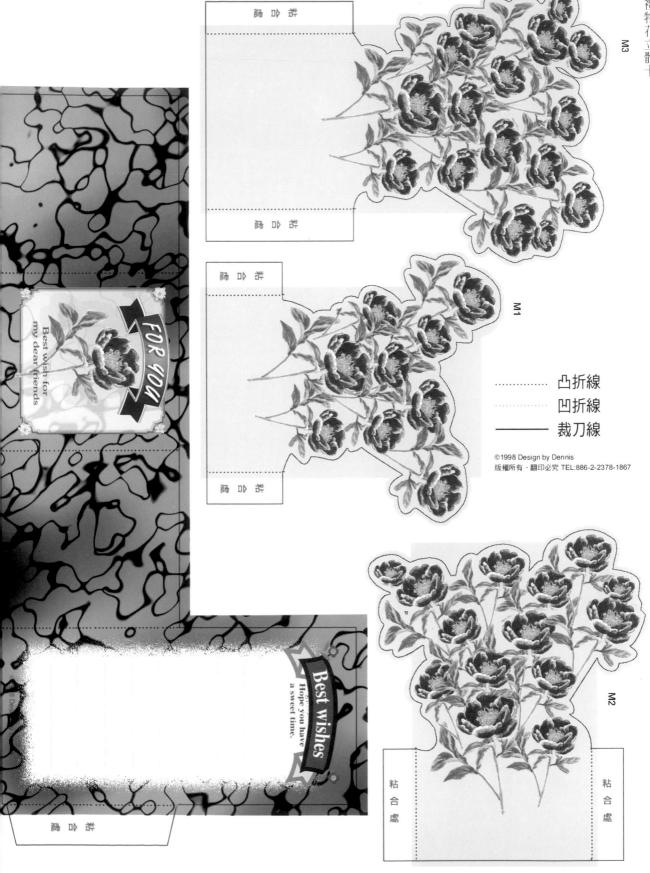

禮物花立體卡

M3

M1

M2

粘合處

粘合處

粘合處

粘合處

粘合處

粘合處

Best wish for
my dear friends

FOR YOU

Best wishes
Hope you have
a sweet time.

·········· 凸折線
·········· 凹折線
────── 裁刀線

©1998 Design by Dennis
版權所有‧翻印必究 TEL:886-2-2378-1867

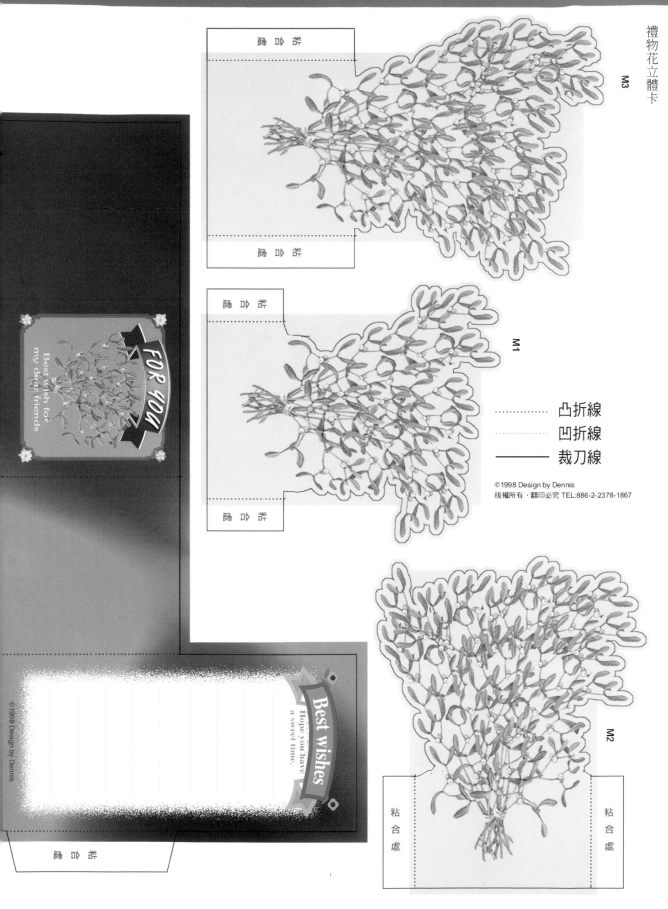

禮物花立體卡

M3

M1

········· 凸折線
········· 凹折線
───── 裁刀線

©1998 Design by Dennis
版權所有·翻印必究 TEL:886-2-2378-1867

粘合處

粘合處

M2

粘合處

粘合處

FOR YOU

Best wish for
my dear friends

Best wishes
Hope you have
a sweet time.

©1998 Design by Dennis

粘合處

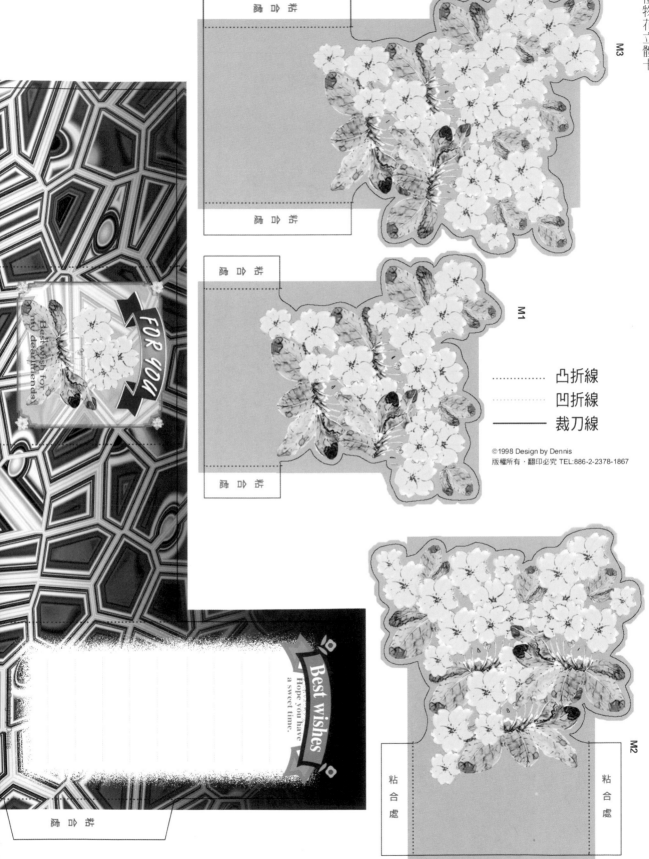

禮物花立體卡

M3

M1

凸折線 ············
凹折線 ············
裁刀線 ────────

©1998 Design by Dennis
版權所有‧翻印必究 TEL:886-2-2378-1867

M2

粘合處

粘合處

粘合處

粘合處

粘合處

粘合處

Best wishes
Hope you have a sweet time.

FOR YOU
Best wish for my dear friends

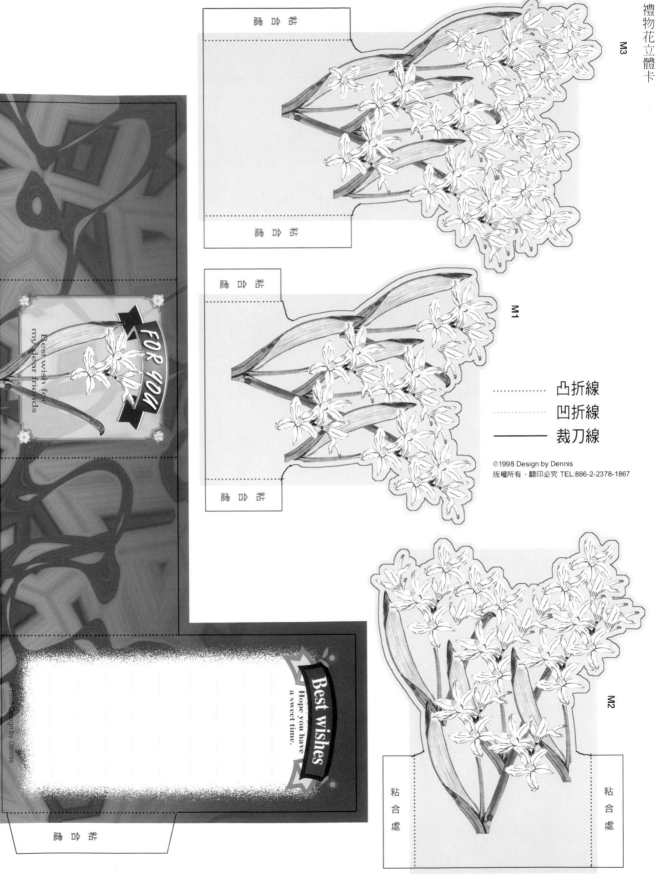

禮物花立體卡

M3

M1

粘合處

粘合處

.... 凸折線
.... 凹折線
———— 裁刀線

©1998 Design by Dennis
版權所有・翻印必究 TEL:886-2-2378-1867

FOR YOU

Best wish for
my dear friends

Best wishes

Hope you have
a sweet time.

©1998 Design by Dennis

M2

粘合處

粘合處

禮物花立體卡

M3

M1

粘合處

Best wish for
my dear friends

FOR YOU

·········· 凸折線
·········· 凹折線
────── 裁刀線

©1998 Design by Dennis
版權所有·翻印必究 TEL:886-2-2378-1867

粘合處

Best wishes

Hope you have
a sweet time.

M2

粘合處

粘合處

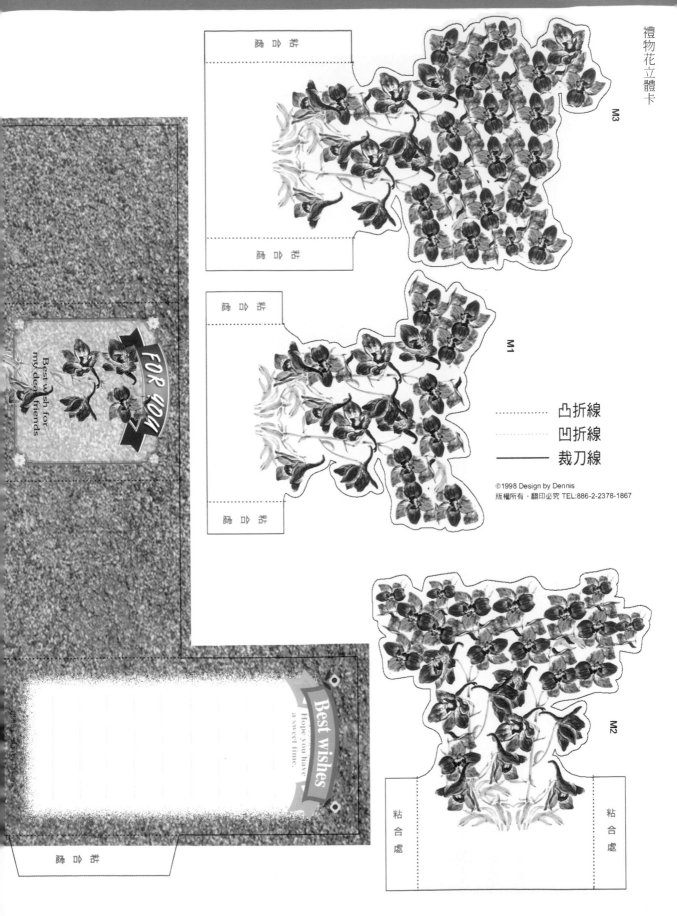

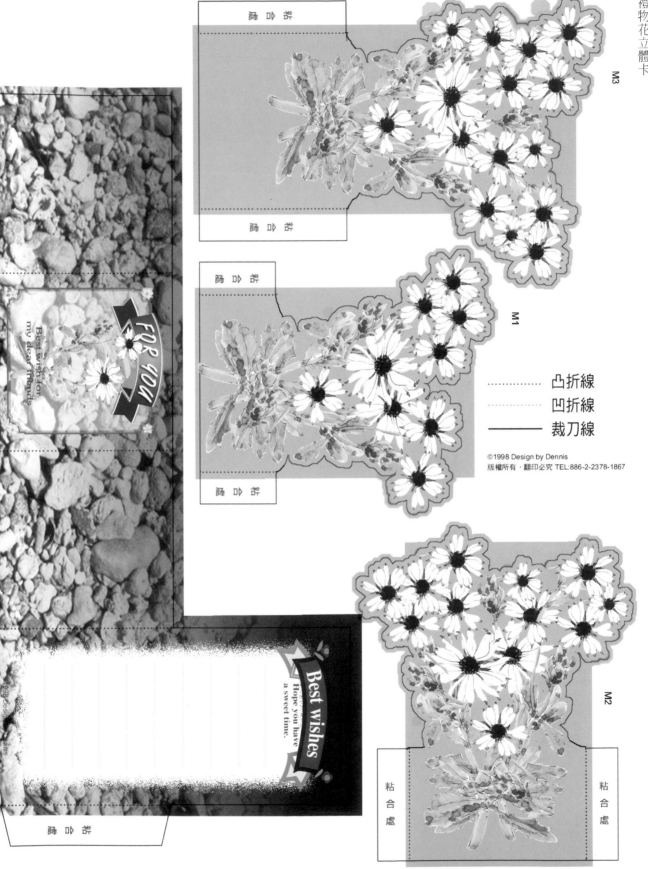

禮物花立體卡

M3

M1

粘合處

凸折線
凹折線
裁刀線

©1998 Design by Dennis
版權所有·翻印必究 TEL:886-2-2378-1867

M2

粘合處

粘合處

Best wishes for
my dear friends

FOR YOU

Best wishes
Hope you have
a sweet time.

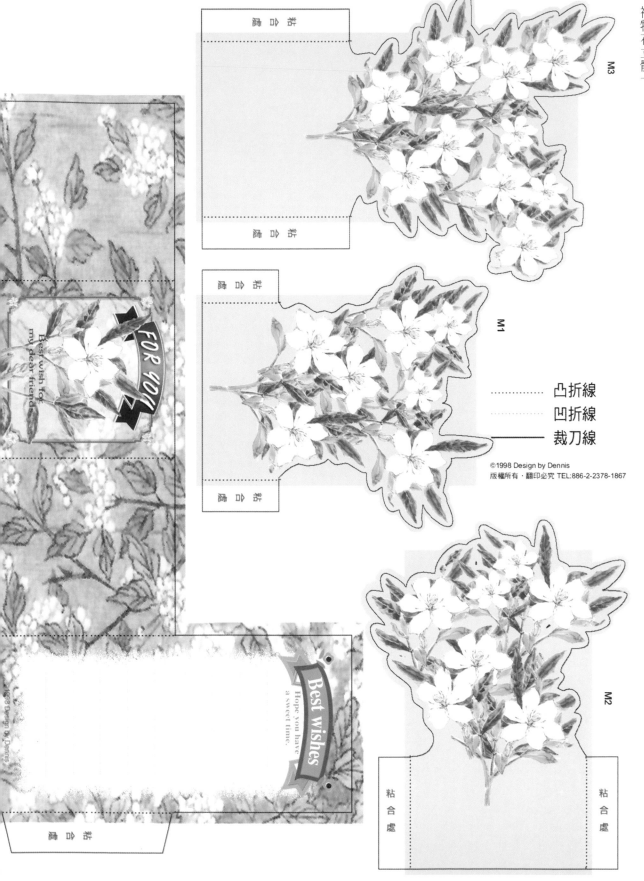

禮物花立體卡

M3

M1

Best wish for
my dear friends

FOR YOU

Best wishes

Hope you have
a sweet time.

M2

………… 凸折線

………… 凹折線

————— 裁刀線

©1998 Design by Dennis
版權所有‧翻印必究 TEL:886-2-2378-1867

粘 合 處

粘 合 處

粘 合 處

粘 合 處

粘 合 處

粘 合 處

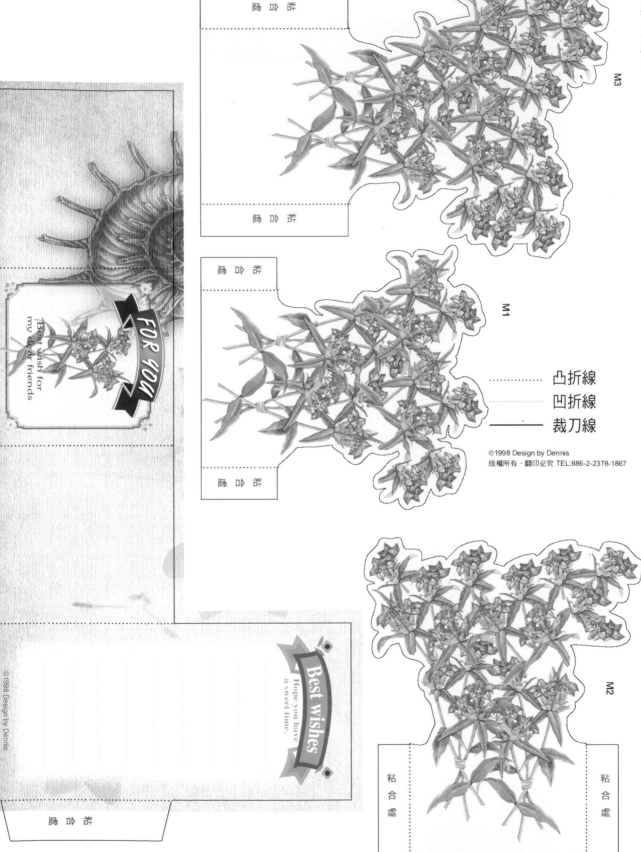

禮物花立體卡

M3

M1

凸折線
凹折線
裁刀線

©1998 Design by Dennis
版權所有・翻印必究 TEL:886-2-2378-1867

M2

粘合處

粘合處

粘合處

粘合處

粘合處

粘合處

FOR YOU

Best wish for
my dear friends

©1998 Design by Dennis.

Best wishes

Hope you have
a sweet time.

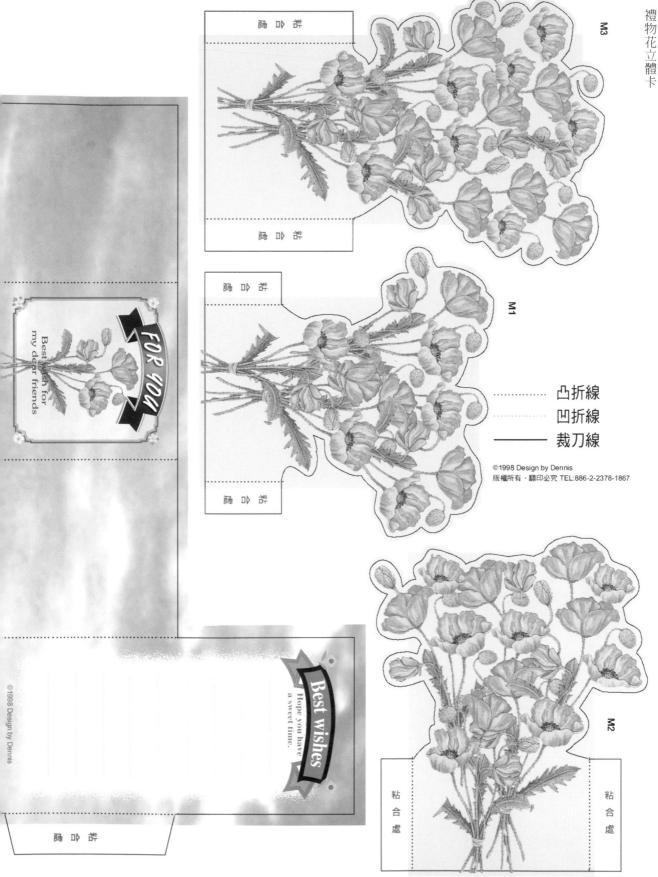

禮物花立體卡

M3

M1

凸折線
凹折線
裁刀線

©1998 Design by Dennis
版權所有・翻印必究 TEL:886-2-2378-1867

M2

粘合處 粘合處

粘合處

FOR YOU

Best wish for
my dear friends

©1998 Design by Dennis

Best wishes

Hope you have
a sweet time.

粘合處

粘合處

粘合處

粘合處

粘合處

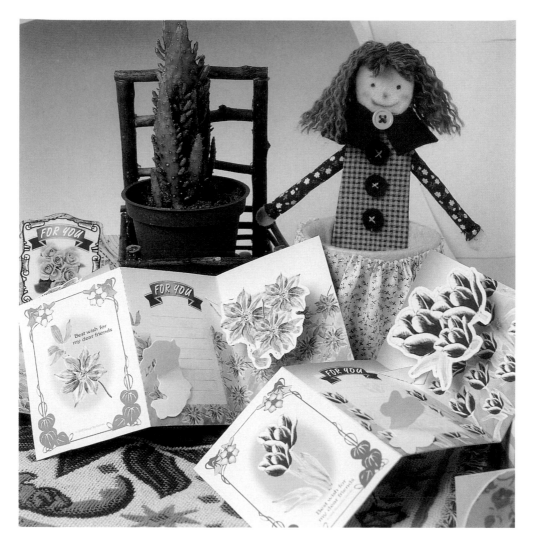

3D立體卡片

草原立體卡

草原立體卡

【製作流程】

1.壓折線 → 2.裁紙 → 3.折紙 → 4.粘膠 → 5.組合 → 6.完成

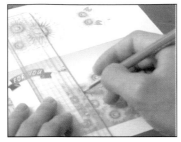

■ A 壓折線

壓折線的目的是讓你在折紙時，能事先壓出一條線，讓你可以很容易的折出一條整齊的線。

請在紅（藍）色的虛線上，用原子筆或筆刀（美工刀）刀背畫出一條折線，直線請用直尺輔助來劃。

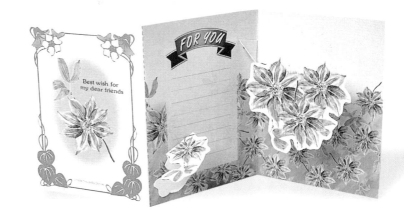

■ B 裁紙

用筆刀（美工刀）將標示黑色實線的圖，裁下來。

你會裁出4 個物件，分別是……

1.卡片主體
2.花飾（K2）（K3）
3.零件（K1）

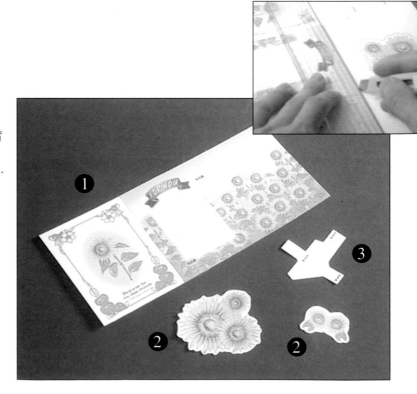

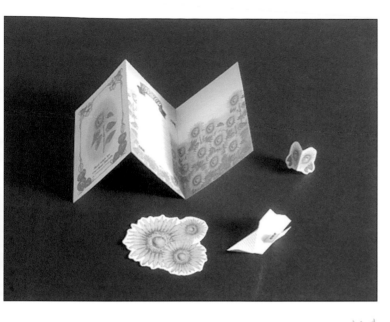

■C 折紙

按照圖面上的紅（藍）色的虛線
折紙，紅色虛線為凸折線，請向
上折，藍色虛線為凹折線，請向
下折。

待折完後，就可看見一個個的立
體零件了。

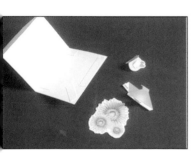

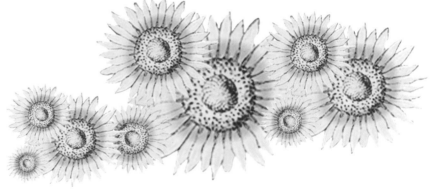

■D 黏膠

需要黏膠的位置，有下列地方

1. 卡片主體，請用雙面膠帶在卡片
背面上貼膠和正面 2個粘貼處的位
置上膠。

2. 花飾（K2）（K3），可以不上膠

3. 零件（K1），請在標示有 "黏貼
處" 的背面上膠。

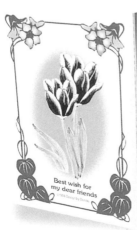

Best wish for
my dear friends

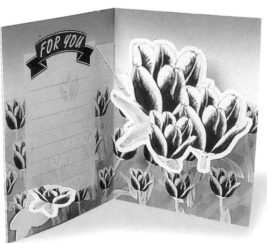

FOR YOU

■ E 組合

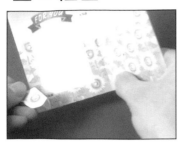

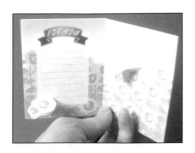

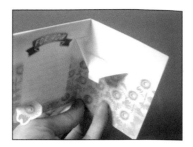

1 將卡片主體的右邊對折黏合。

2 把花飾（K3）對折，黏在卡片主體下方的黏貼處位置既可。

3 把零件（K1）按凸凹折線，折好成一個立體狀。然後黏合在卡片主體上方標示有"黏貼處"的地方

■ F 完成

等膠乾了後，把卡片合起來壓平一下，順便測試一下打開合起的動作，確認無誤後，就大工告成了。

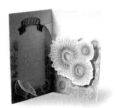

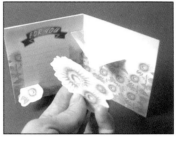

4 把花飾（K2）再黏在此零件（K1）上就完成了。

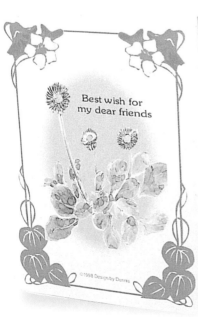

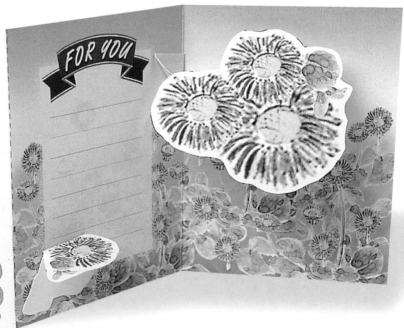

K3

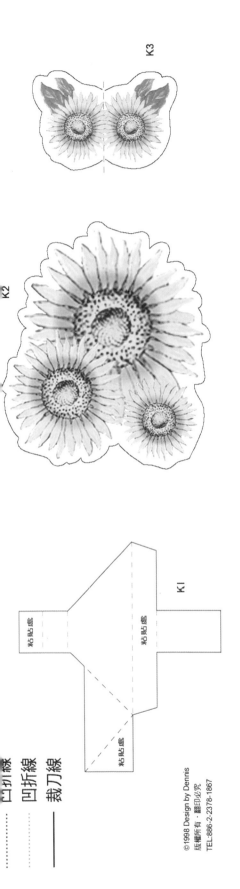

K2

.... 凹折線
------------ 凹折線
———— 裁刀線

K1

粘貼處

粘貼處

粘貼處

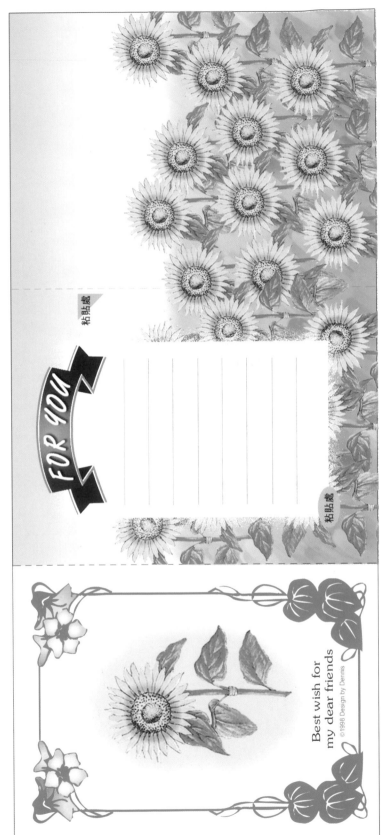

粘貼處

FOR YOU

粘貼處

Best wish for
my dear friends

©1998 Design by Dennis

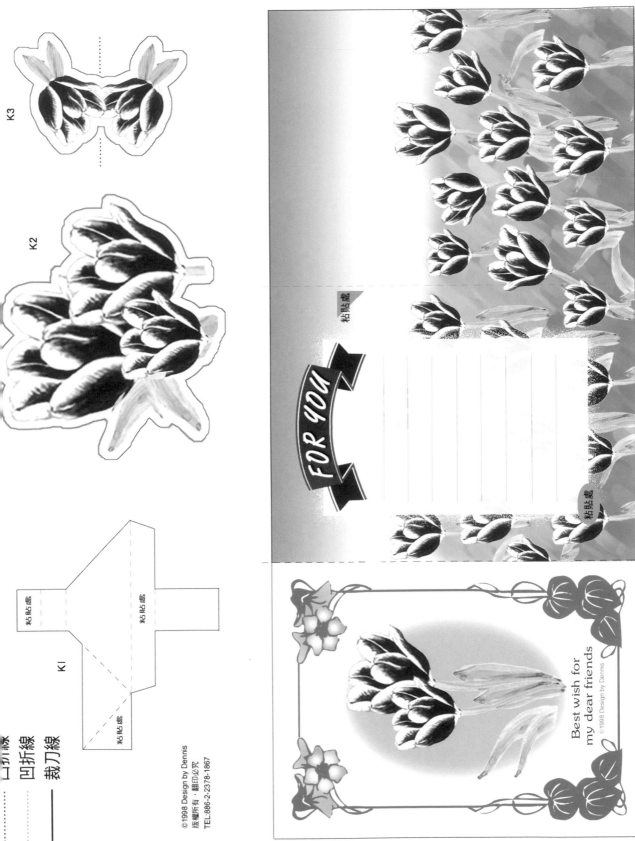

K3

K2

K1

━━━━━━ 裁刀線

‥‥‥‥‥ 凹折線

粘貼處

粘貼處

粘貼處

粘貼處

粘貼處

FOR YOU

Best wish for
my dear friends

© 1998 Design by Dennis

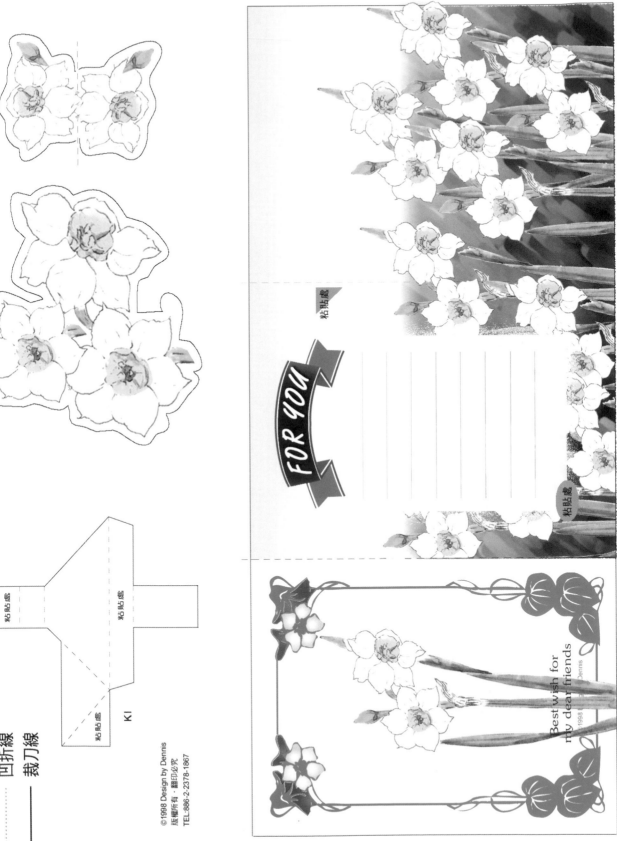

K3

凹折線
裁刀線

K1

粘貼處

FOR YOU

粘貼處

粘貼處

Best wish for
my dear friends

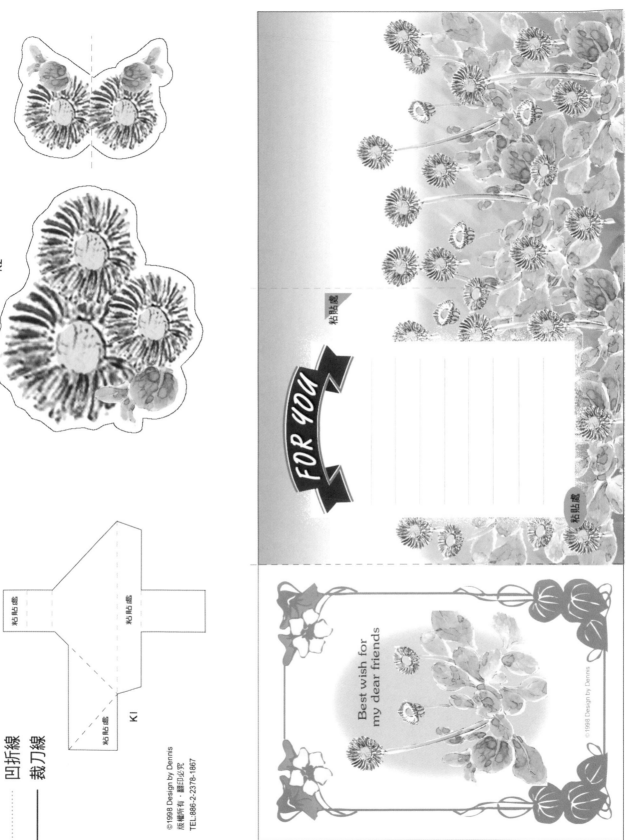

草原立體卡片

K3

K2

K1

凹折線
裁刀線

粘貼處
粘貼處
粘貼處

©1998 Design by Dennis
版權所有・翻印必究
TEL:886-2-2378-1867

粘貼處

FOR YOU

粘貼處

Best wish for
my dear friends

©1998 Design by Dennis

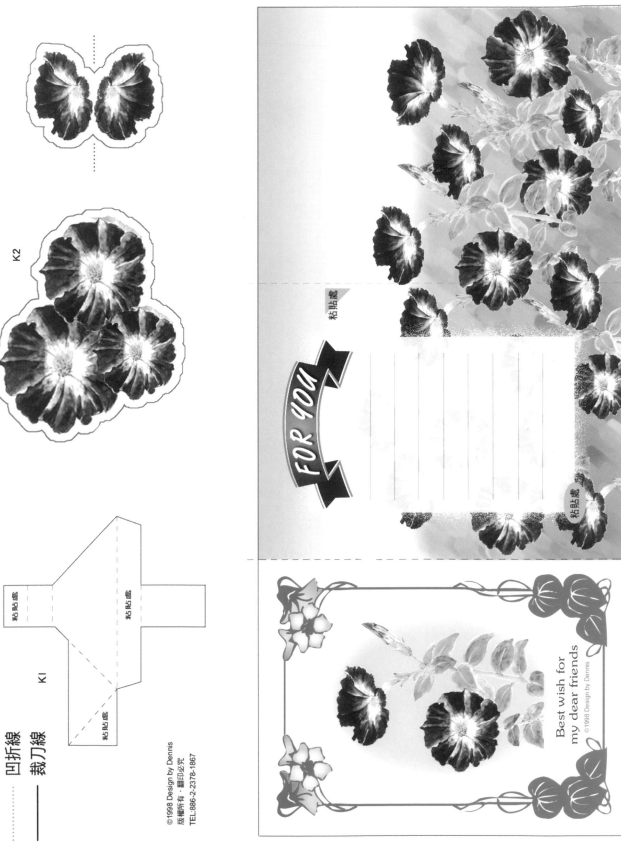

草原立體卡片

K3

K2

凹折線
裁刀線

K1

粘貼處
粘貼處
粘貼處

FOR YOU

粘貼處
粘貼處

Best wish for
my dear friends

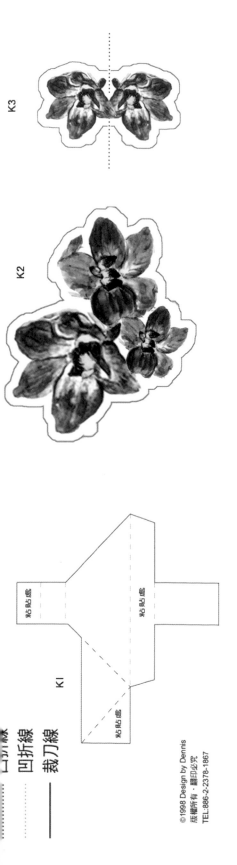

K3

K2

K1

凹折線
裁刀線

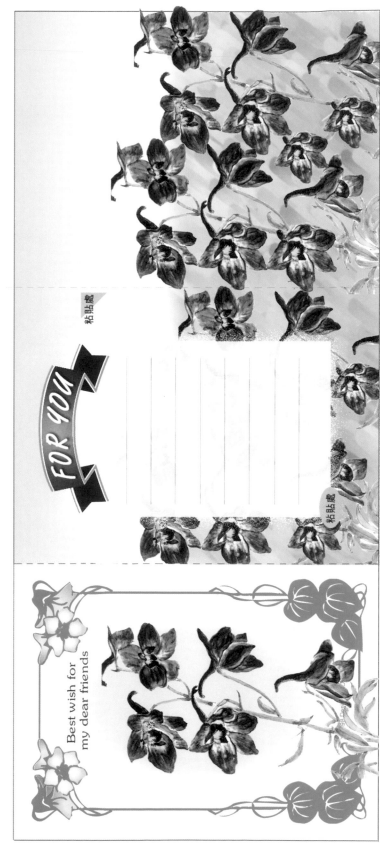

粘貼處

FOR YOU

粘貼處

Best wish for
my dear friends

草原立體卡片

K3

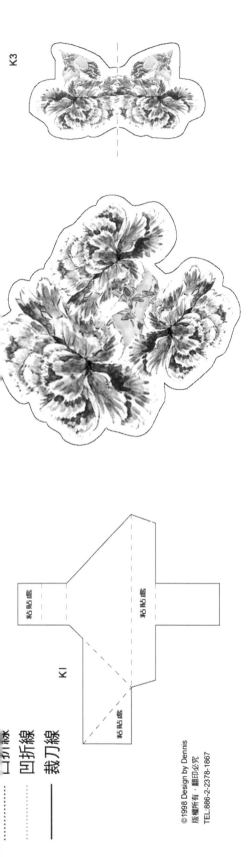

K1

・・・・・・・・・・ 凹折線

・・・・・・・・・・ 凹折線

―――――― 裁刀線

©1998 Design by Dennis
版權所有・翻印必究
TEL:886-2-2378-1867

粘貼處

粘貼處

粘貼處

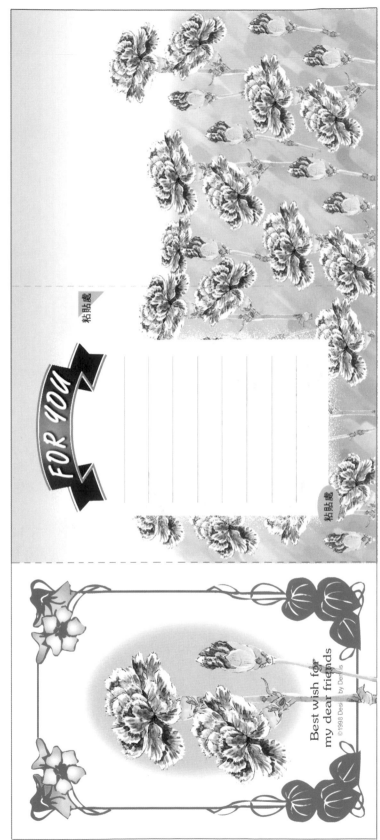

粘貼處

FOR YOU

粘貼處

Best wish for
my dear friends
©1998 Desi   by Dennis

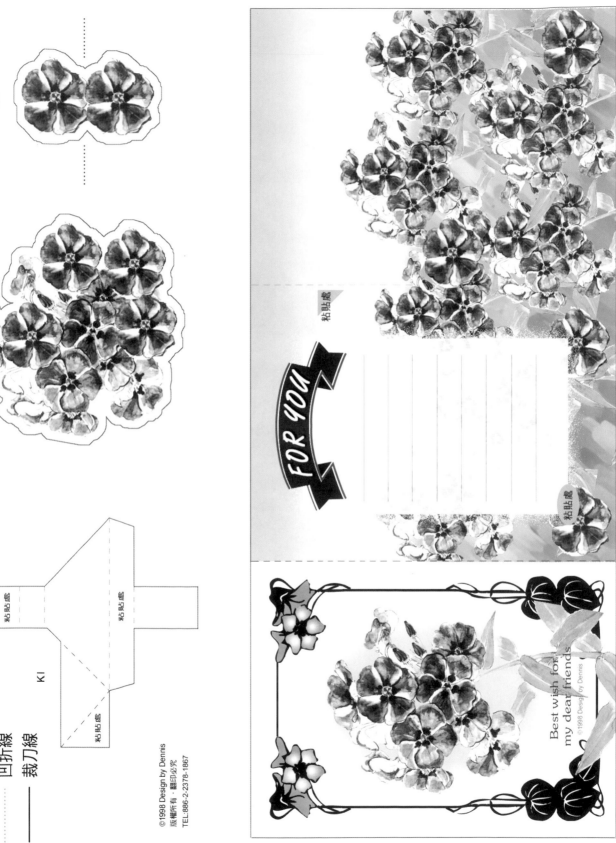

K3

K2

K1

┄┄┄┄ 凹折線
┈┈┈┈ 凹折線
───── 裁刀線

粘貼處

粘貼處

粘貼處

粘貼處

粘貼處

FOR YOU

Best wish for
my dear friends
©1998 Design by Dennis

草原立體卡片

K3

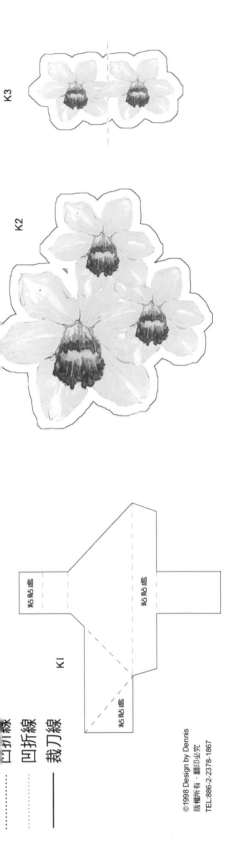

K2

K1

粘貼處

粘貼處

粘貼處

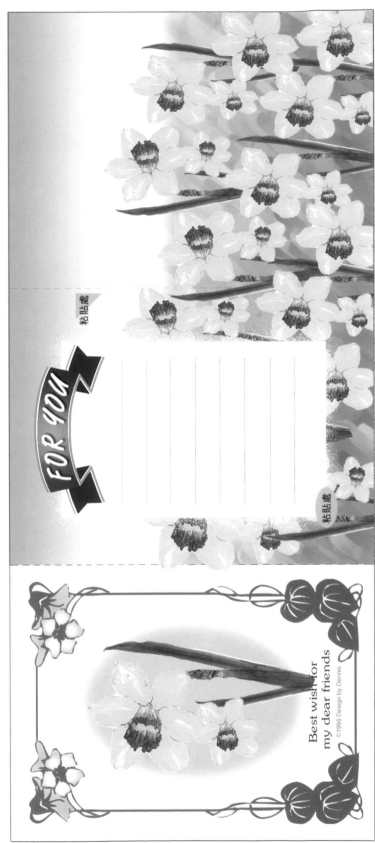

粘貼處

FOR YOU

粘貼處

Best wish for
my dear friends
©1998 Design by Dennis

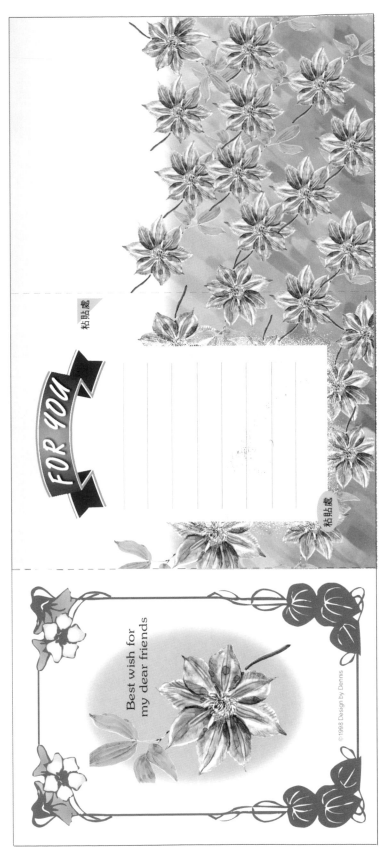

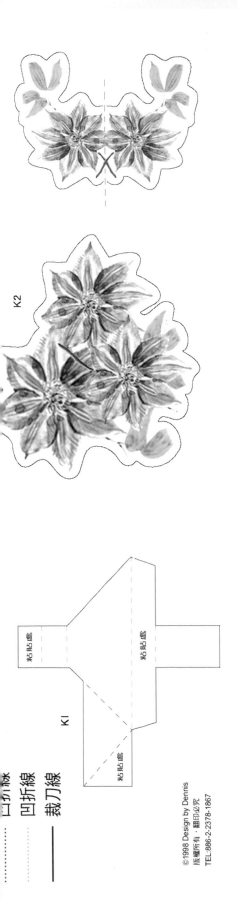

草原立體卡片

K2

K1

粘貼處

凸折線
凹折線
裁刀線

© 1998 Design by Dennis
版權所有・翻印必究
TEL:886-2-2378-1867

FOR YOU

粘貼處

粘貼處

Best wish for
my dear friends

© 1998 Design by Dennis

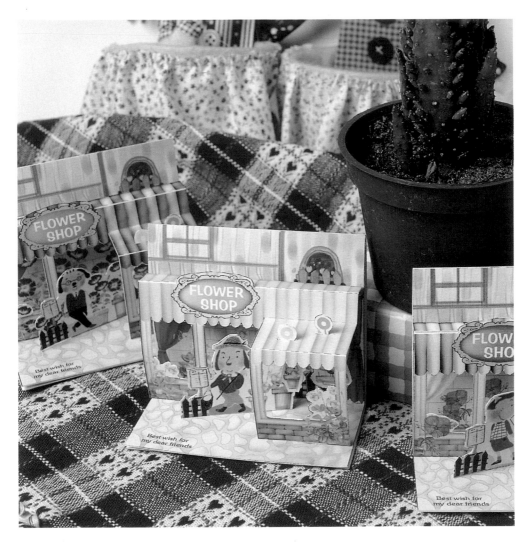

3D立體卡片

花店立體卡

花店立體卡

【製作流程】

1.壓折線 → 2.裁紙 → 3.折紙 → 4.粘膠 → 5.組合 → 6.完成

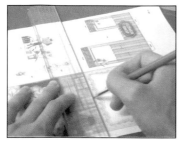

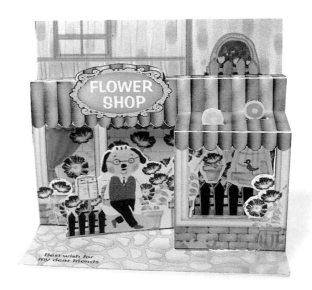

■ A 壓折線

壓折線的目的是讓你在折紙時，能事先壓出一條線，讓你可以很容易的折出一條整齊的線。

請在紅（藍）色的虛線上，用原子筆或筆刀（美工刀）刀背畫出一條折線，直線請用直尺輔助來劃。

■ B 裁紙

用筆刀（美工刀）將標示黑色實線的圖，裁下來。

你會裁出5個物件，分別是……

1. 卡片主體
2. 花店1件（B4）
3. 吊飾2件（B2）（B3）
4. 客人1件（B1）

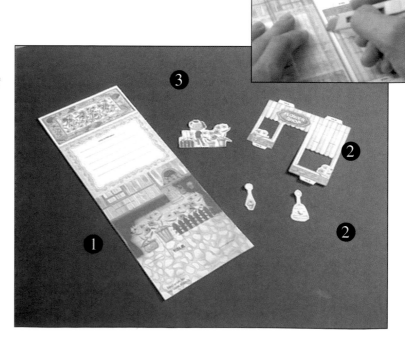

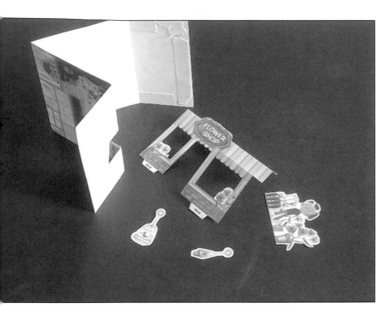

■C 折紙

按照圖面上的紅（藍）色的虛線
折紙，紅色虛線為凸折線，請向
上折，藍色虛線為凹折線，請向
下折。
待折完後，就可看見一個個的立
體零件了。

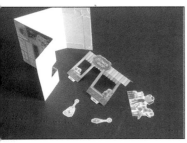

■D 黏膠

需要黏膠的位置，有下列地方
1.卡片主體，在背面上膠和標示
有 "黏貼處" 的位置上膠。
2.花店（B4）在標示有 "黏貼處"
的位置上膠。

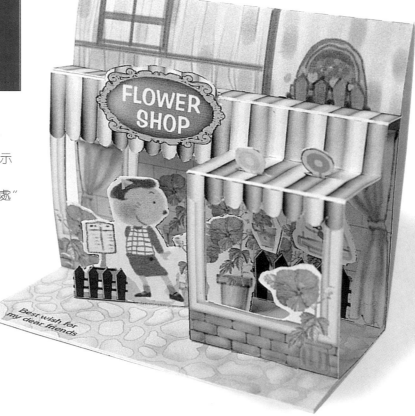

■ E 組合

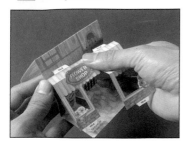
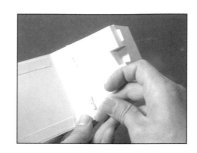

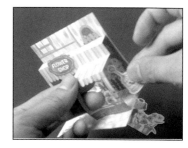

1 將花店（B4）凸出標示有"黏貼處"的部份，分別插入卡片主體相對的位置後，將插入背面的紙頭向下壓平黏合在卡片主體上，這樣立體卡片主要部份就完成了。

2 把卡片對折黏合起來。

■ F 完成

等膠乾了後，把卡片合起來壓平一下，順便測試一下打開合起的動作，確認無誤後，就大工告成了。

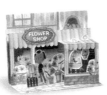
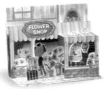

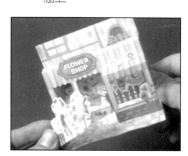

3 再把吊飾件（B2）（B3）分別插入花店（B4）右邊的雨棚上。

4 最後，把客人（B1），黏合在卡片主體前標示有"黏貼處"的位置上。

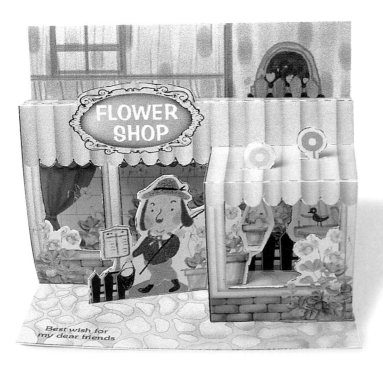

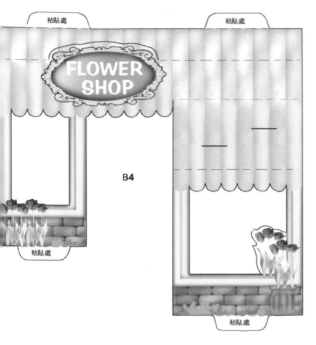

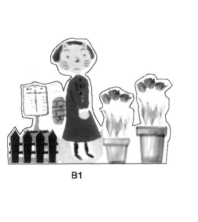

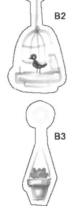

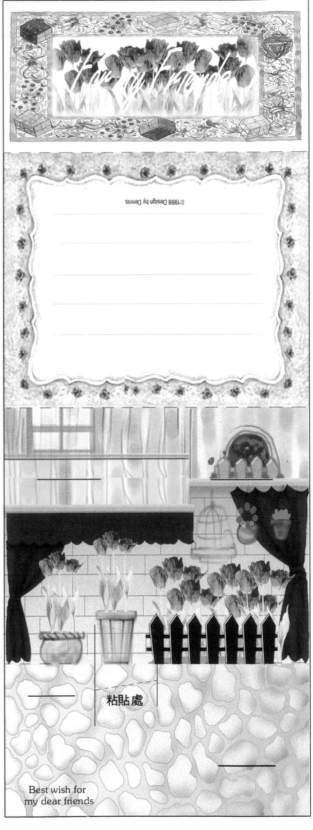

.... 凸折線
.... 凹折線
———— 裁刀線

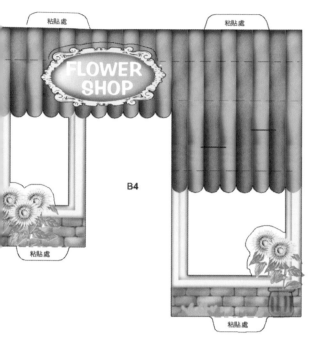

FLOWER SHOP

粘貼處　粘貼處

B4

粘貼處

粘貼處

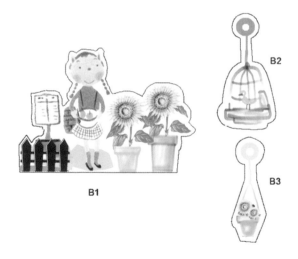

B1

B2

B3

.... 凸折線
.... 凹折線
———— 裁刀線

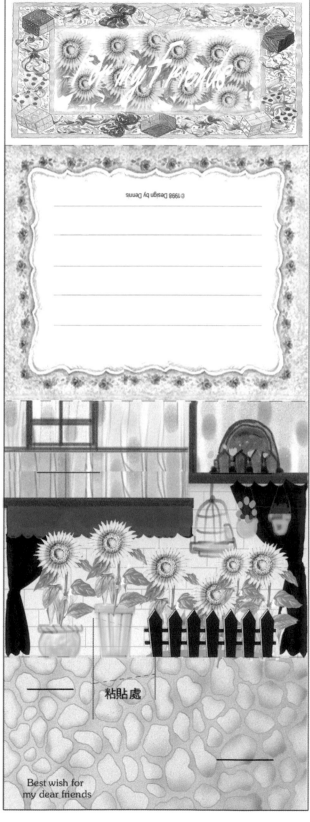

©1998 Design by Dennis

粘貼處

Best wish for
my dear friends

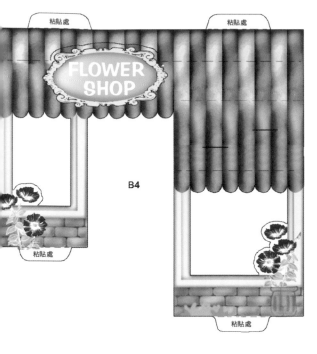

B4

粘貼處

粘貼處

粘貼處

粘貼處

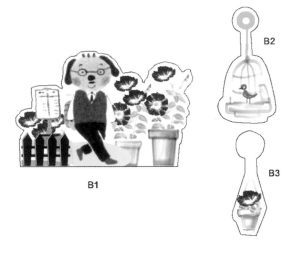

B1

B2

B3

FLOWER SHOP

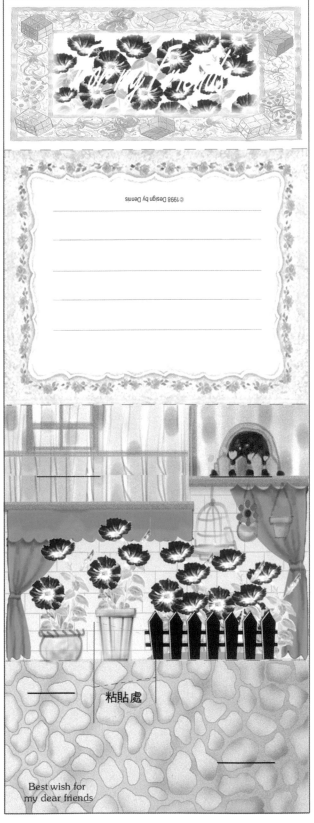

© 1998 Design by Dennis

粘貼處

Best wish for
my dear friends

·············· 凸折線

·············· 凹折線

—————— 裁刀線

©1998 Design by Dennis
版權所有‧翻印必究 TEL:886-2-2378-1867

花店立體卡

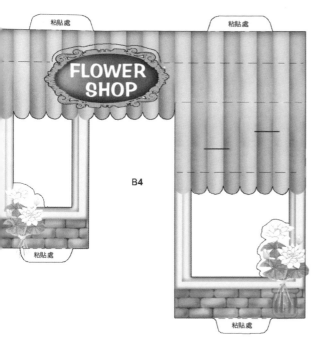

FLOWER SHOP

粘貼處　　　　粘貼處

B4

粘貼處

粘貼處

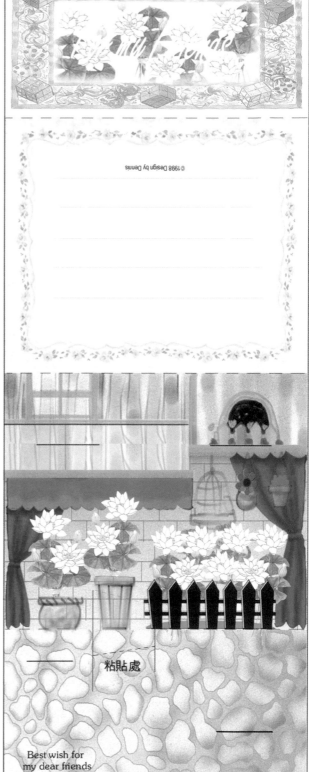

© 1998 Design by Dennis

粘貼處

Best wish for
my dear friends

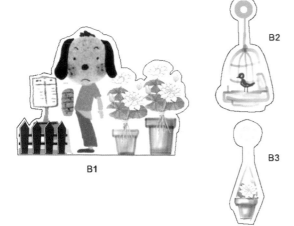

B1

B2

B3

.... 凸折線
.... 凹折線
────── 裁刀線

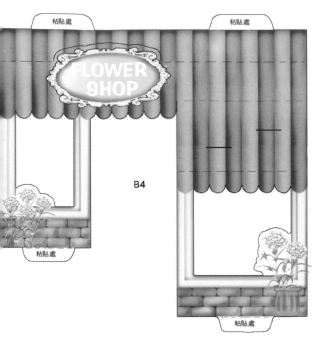

B4

粘貼處　　　　　粘貼處

FLOWER SHOP

粘貼處

粘貼處

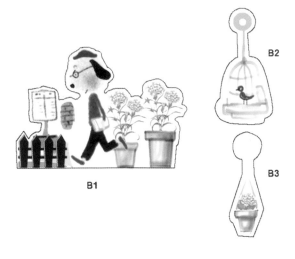

B1

B2

B3

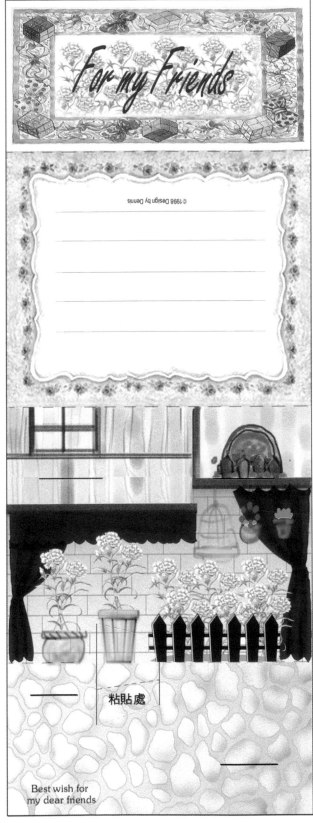

.... 凸折線
.... 凹折線
———— 裁刀線

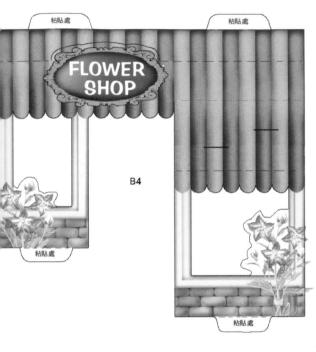

粘貼處　　　　　　　粘貼處

FLOWER SHOP

B4

粘貼處

粘貼處

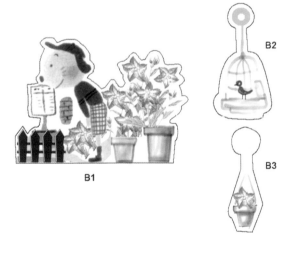

B2

B1

B3

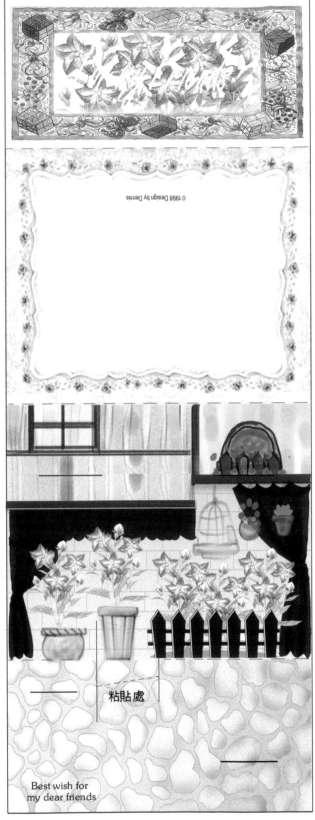

© 1998 Design by Dennis

粘貼處

Best wish for
my dear friends

.... 凸折線
.... 凹折線
———— 裁刀線

©1998 Design by Dennis
版權所有·翻印必究 TEL:886-2-2378-1867

花店立體卡

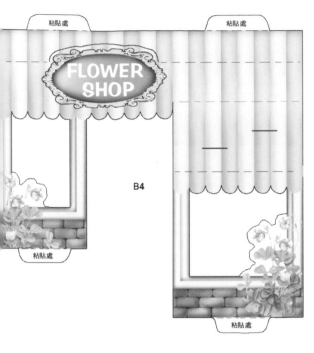

粘貼處　　　粘貼處

FLOWER
SHOP

B4

粘貼處

粘貼處

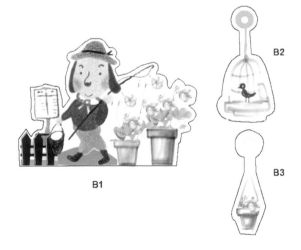

B2

B3

B1

·············· 凸折線
·············· 凹折線
———— 裁刀線

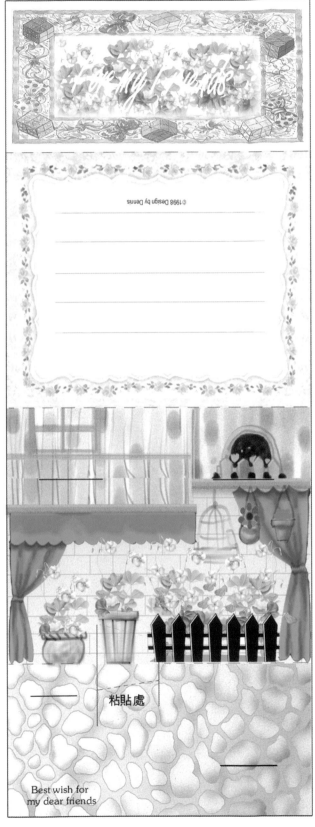

©1998 Design by Dennis

Best wish for
my dear friends

粘貼處

花店立體卡

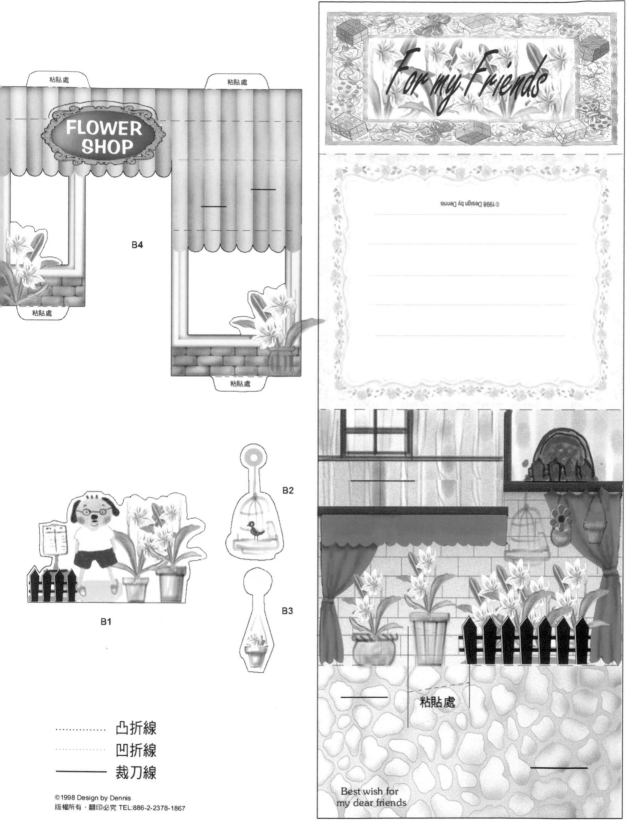

FLOWER SHOP

For my Friends

©1998 Design by Dennis

B4

B2

B1

B3

Best wish for
my dear friends

粘貼處

.... 凸折線
.... 凹折線
———— 裁刀線

©1998 Design by Dennis
版權所有‧翻印必究 TEL:886-2-2378-1867

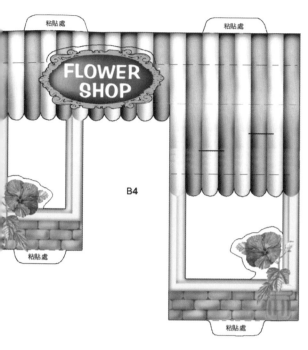

B4

粘貼處

粘貼處

粘貼處

粘貼處

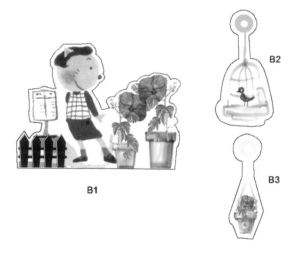

B2

B3

B1

粘貼處

.... 凸折線
.... 凹折線
———— 裁刀線

©1998 Design by Dennis
版權所有・翻印必究 TEL:886-2-2378-1867

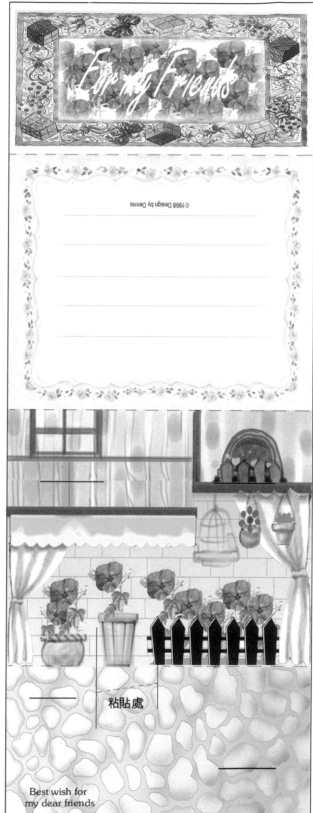

For my Friends

© 1998 Design by Dennis

Best wish for
my dear friends

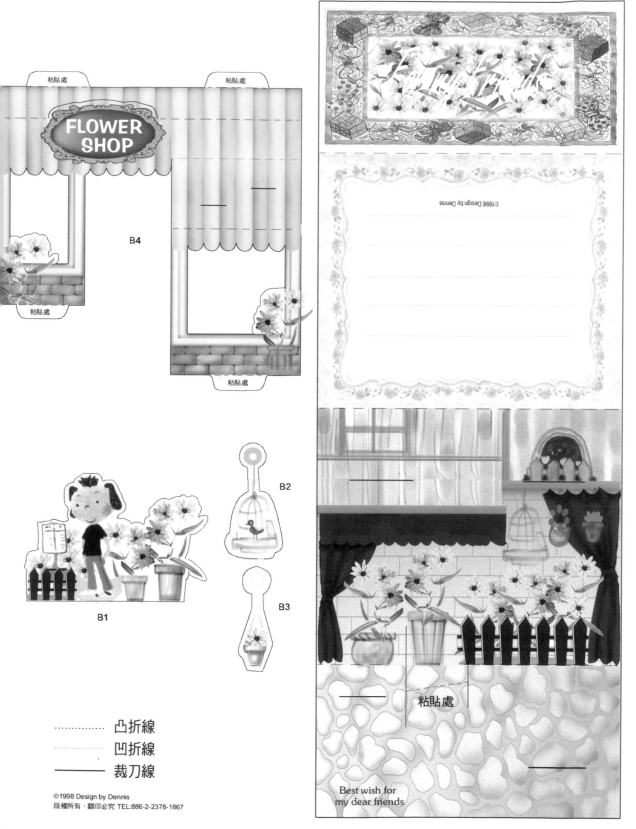

花店立體卡

粘貼處 　　　　　粘貼處

FLOWER SHOP

B4

粘貼處

粘貼處

B2

B1

B3

© 1998 Design by Dennis

粘貼處

Best wish for
my dear friends

·············· 凸折線

·············· 凹折線

———— 裁刀線

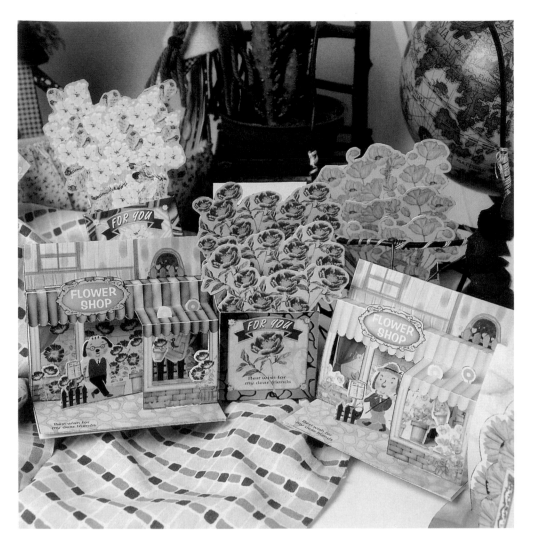

3D立體卡片

信封製作

信封製作

【製作流程】

1.壓折線 → 2.裁紙 → 3.折紙 → 4.粘膠 → 5.組合 → 6.完成

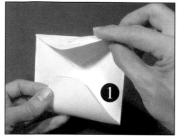

■ **A**

信封的製作其實和前面製作方法
大致是一樣，而需要黏膠的位置
是在信封背面（1）的地方。

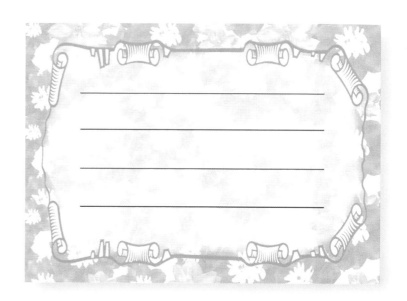

■ **B**

把作好的立體卡，放入信封內黏
合，然後在正面寫上住址既完成
了。

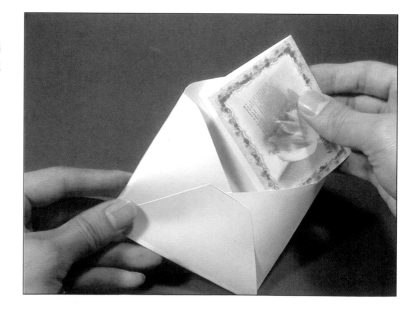

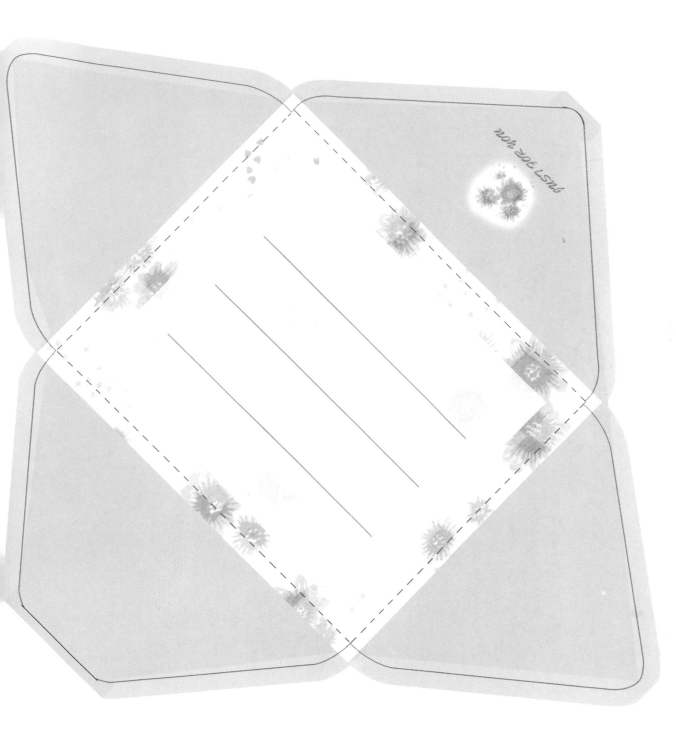

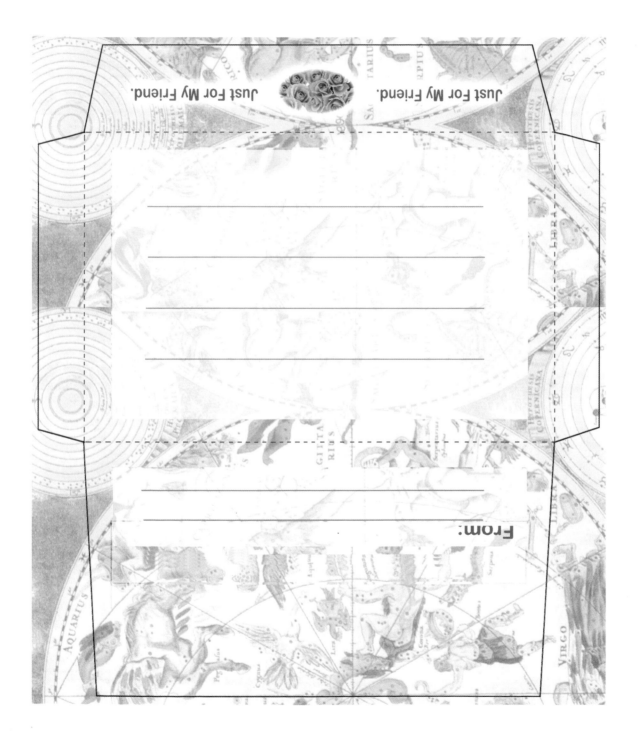

Just For My Friend. Just For My Friend.

From:

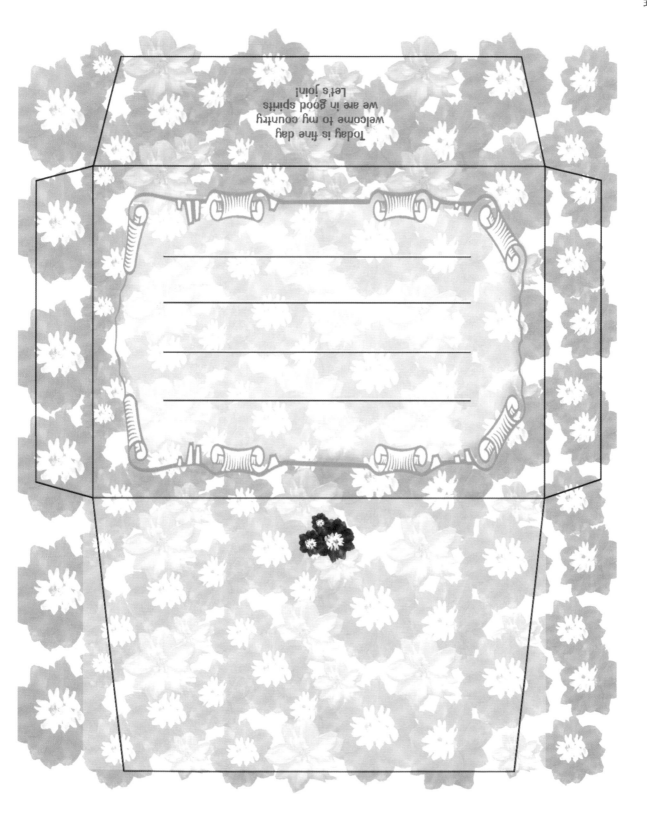

Today is fine day
welcome to my country
we are in good spirits
Let's join!

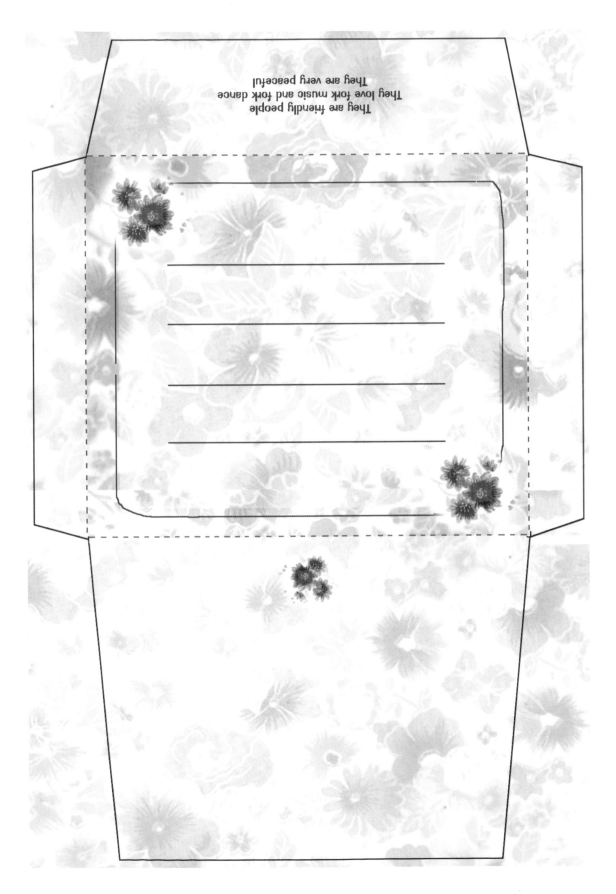

They are friendly people
They love folk music and folk dance
They are very peaceful

北星信譽推薦・必備教學好書

日本美術學員的最佳教材

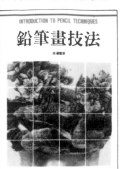
鉛筆畫技法

定價／350元

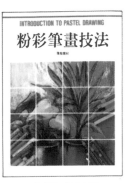
粉彩筆畫技法

定價／450元

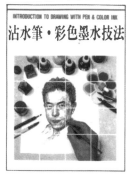
沾水筆・彩色墨水技法

定價／450元

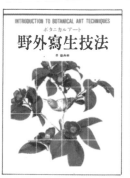
野外寫生技法

定價／400元

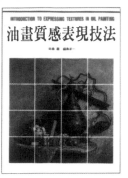
油畫質感表現技法

定價／450元

循序漸進的藝術學園；美術繪畫叢書

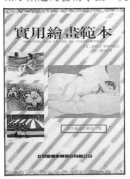
實用繪畫範本

定價／450元

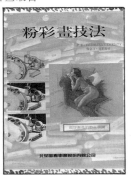
粉彩畫技法

定價／450元

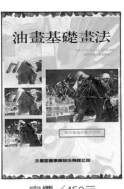
油畫基礎畫法

定價／450元

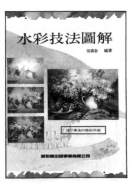
水彩技法圖解

定價／450元

最佳工具書

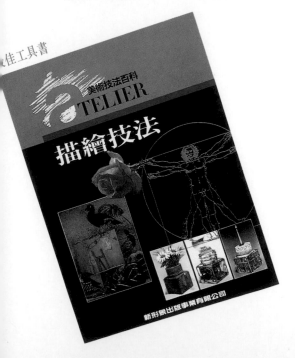

・本書內容有標準大綱編字、基礎素
　描構成、作品參考等三大類；並可
　銜接平面設計課程，是從事美術、
　設計類科學生最佳的工具書。
　編著／葉田園　　定價／350元

卡片DIY
3D立體卡片 (2)

定價：450元

出 版 者：新形象出版事業有限公司
負 責 人：陳偉賢
地　　址：台北縣中和市中和路322號8 F之1
電　　話：29207133．29278446
F A X：29290713

編 著 者：簡茂育
發 行 人：顏義勇
總 策 劃：范一豪
技術支援：Guide Technology 指引科技
電腦美編：許得輝

總 代 理：北星圖書事業股份有限公司
地　　址：台北縣永和市中正路462號5F
門　　市：北星圖書事業股份有限公司
地　　址：永和市中正路498號
電　　話：29229000
F A X：29229041
郵　　撥：0544500-7北星圖書帳戶
印 刷 所：皇甫彩藝印刷股份有限公司
製 版 所：興旺彩色印刷製版有限公司

行政院新聞局出版事業登記證／局版台業字第3928號
經濟部公司執照／76建三辛字第214743號

西元1999年11月　第一版第一刷

國家圖書館出版品預行編目資料

3D立體卡片／簡茂育編著 . --第一版 .
　--臺北縣中和市：新形象，1999〔民88〕
　冊：　　公分 .（卡片DIY；1-2）

ISBN 957-9679-62-2（第1冊：平裝）. --
ISBN 957-9679-63-0（第2冊：平裝）

　1.美術工藝--設計

964　　　　　　　　　　　　　88013150